劣等生でも
社会で活躍できる生き方

人を信じて世界に翔《はば》たく

東京電機大学
第五代学長　小谷　誠

栄光出版社

劣等生でも社会で活躍できる生き方　目次

劣等生でも社会で活躍できる生き方

人を信じて世界に翔《はば》たく

はじめに

小学生の時から勉強が大嫌いだった私は、祖母の勧めで東京の大学まで進学することができました。ところが、東京には立派な若者が多く、彼らと比較すると私には何も良いところがなく、深い劣等感を持つようになり、苦悩に満ちた毎日を過ごしていました。

大学2年生の時、自分が劣等生であることは素直に認め、**「劣等生でも社会でどれだけ活躍できるか実証実験をしよう」**と決心しました。それから65年が経過しました。実証実験の結果もほぼ出てきたと思われます。

私と同じような苦悩に満ちた生活を送っている若い方には多少お役に立つこともあろうかと思い、実証実験の結果をお話ししたくなり、本書を執筆しました。劣等感に悩んでいる若い方や勉強嫌いのお子さんを持っている親御さんには是非とも目を通していただきたいと思っています。

私の専門は電子工学ですが、コンピュータの記憶回路の研究で工学博士の学位を取得した後、昭和50年（1975）10月に米国マサチューセッツ工科大学（MIT）に留学してから現在までおよそ50年近く脳科学の研究をしてきました。

人間はお母さんから生まれた時、誰でも約1000億個の神経細胞体と呼ばれる脳細胞を持っていると推定されています。この脳細胞をどのように育てるかによってその人の人生が決まります。

親が賢いから子供も賢くなると思っている方が多いですが、親からの遺伝子にはあまり関係なく、育つ環境すなわち受けた教育などによってその人の人生が大きく変わります。

高齢者になった私が今でも仕事ができるのは、

一、子供のときから勉強は大嫌いでしたが、野球など趣味を通じて額のすぐ後にある前頭前野の脳細胞を無意識のうちに鍛えたからです。

二、20歳のころから勉強することの大切さを知り、努力したからです。

三、人との出会いとその後の交流を大切にしてきたからです。

私は、義務教育の中学校を終えると、実家の農業を継ぐことが小学生のときから決まっていました。そのため、小学校・中学校時代ではまったく勉強せず、気ままな生活をしてきました。その結果、中学校2年生のときの成績がクラスで最低となり、私はいわゆる「劣等生」でした。ところが、祖母の熱心な勧めで地元の高校に進学することになり、その後は、東京の大学に進学しました。

しかし、田舎育ちの私にとって、大都市東京での生活は想像以上に厳しく、深い孤独感と劣等感におそわれました。私は、この苦悩から逃れるために多くの本を読みました。そして、読書を通して多くの気づきがあり、努力して高等教育を受け、海外に留学して脳科学を学び、さらに道が開け、素晴らしい人たちとの交流に恵まれた、悔いのない満足な人生を体現することができました。

ありがたいことに、私の今までの教育・研究に対する貢献が認められ、平成27年（2015）11月3日に瑞宝中綬章をいただきました。その際、私が理事長を務めている公益財団法人渡邉財団より、受賞についてのインタビュー記事をまとめていただきました。その記事の冒頭では、私について「大学までは勉強嫌いで、田舎の中学での成績はクラスで最低だった」と書かれています。

その記事をお読みになられた渡邉財団の渡邉利三名誉会長から「あなたはなぜ、勉強嫌いであったか」について問い合わせがありましたので、私が執筆した東京電機大学校友会の会誌「工学情報」に掲載された創立110周年記念の特別寄稿文をお送りしました。それに対して、米国に住んでいる渡邉名誉会長から次のメールをいただきました。

「特別寄稿　東京電機大学校友会創立110周年によせての原稿を、メールの添付ファイルで送っていただきありがとうございます。原稿の内容に感動して二度も読ませていただきました。

小谷理事長が勉強嫌いであった青少年時代から勉学に目覚めるまでの話は、多くの人たちに感動と刺激を与えると思います。世の中には勉強嫌いで劣等感を持つ若者たちが多く、理事長の生き様は大変参考になり、また、彼らに勇気を与えると確信しています。

是非とも、自伝を出版していただきたいと思います。成功物語の自伝になるかと思いますが、その中で失敗や挫折の経験を多く記述していただければより多くの読者に訴えるものがあるのではないでしょうか」

こうした経緯で、私は渡邉名誉会長から執筆を勧められました。渡邉名誉会長は、本書の第十四章の「海外に留学する夢を持ちましょう」の節で執筆されているように海外で大活躍されている方です。

私は今まで専門書を数冊執筆しましたが、執筆活動にはかなりエネルギーを使います。そのため、今回のような一般書の執筆は避けてきました。

しかし、渡邉名誉会長のご要望をいただきました以降、私はパソコンに向き合って、私の若いときの恥ずかしい過去のことを思い出しながら、ささやかな私の人生について執筆しました。

本書をお読みいただく皆様の、将来の夢の実現に少しでもお役に立てばとの思いで、拙文ながらまとめさせていただきました。ご一読いただければこのうえない喜びです。

令和5年11月

著　者

第一章　幼年期から米国留学まで

この章では、勉強することが大嫌いだった劣等生の私が幼年期から米国マサチューセッツ工科大学（ＭＩＴ）に留学した時までにどのように歩んできたかについてお話しさせていただきます。

一　私が生まれ育った村

高知県には太平洋に面した大きな土佐湾があります。その東端に室戸岬があり、西端には足摺岬があります。私が生まれ育った高知県幡多郡白田川村（現黒潮町）上川口は足摺岬から海岸に沿って東方向の高知市に向かって35㎞ほど行ったところにあります。上川口は太平洋に面した小さな集落です。海岸の近くには漁民の住宅があり、海岸から２００ｍほど離れた岡の上には農業を営んでいる農家の集落があります。全体を合わせて２００戸ほどのこの小さな村で私は農家の次男として生まれ育ちました。

二　野山を駆けずり廻って遊んだ小・中学校時代

私の幼少時代には長男が家業を継ぐというのが通常の習慣になっていましたが、農家である私の家では、私の兄は子供の時から学校の成績が良く、将来は高等教育を受けたいという希望がありました。それに対して、私の方は体力には恵まれていましたが、頭脳の方は兄よりかなり劣っていました。そのため、小学生のときから私が実家の農業を継ぐことになっていました。そのような境遇から私は白田川村立上川口小学校時代に自宅で勉強した記憶はまったくありません。

理由は思い出せませんが、小学校に入った頃から野球が大好きでした。仲間を集めて小学校の校庭や自宅の庭で野球をしました。その頃、小学生の軟式野球用のゴムボールの入手が困難で自家製の糸巻きボールで野球をしたのでした。私はいつもピッチャーでしたので、変化球が投げやすいボールを布切れに糸を巻いて自分で作ったことを憶えています。

小学校4年生頃から私には変わった癖が現れました。それは昼間に自分があたかも高校野球やプロ野球の名選手になり大活躍していることを空想する癖です。しかも、頭の中で空想するだけでは飽き足らず、そのころにはテレビはなく、自分がラジオのアナウンサーになったつもりで、自分の活躍ぶりをラジオ放送することでした。初めは集落の小道で小さな声で話していましたが、それでも周りの人が気になり、誰もいない太平洋の海岸に行き、そこで大きな声を出して自分の活動をラジオ放送しました。

この時には、自分でも変わった人間だと思っていました。しかし、私が脳科学の研究をするようになってから私の変わった癖が社会で活躍するために必要な私の脳細胞を育てたのだろうと考えています。

どちらにしても、私は小学校のときにはまったく勉強せず、近くの川や海、野山を駆けずり廻って楽しく過ごしました。

上川口小学校時代に私の人生に大きな影響を与えてくださった先生との出会いがありました。それは、私が6年生のときに担任だった林一宏先生です。林先生は終戦1年前に中村中学（現高知県立中村高校）を退学して軍隊に入りました。終戦後、実家で塩を作ったりしながら生活をされていた林先生に代用教員の職が見つかりました。中学退学で教員資格を持っていませんでしたが、大変な熱血漢の先生でした。よく授業中に騒いでいた私は、林先生に何度か強く叱られたことを憶えています。この林先生との出会いは、後年、私の人生に大きな影響をもたらすものとなります。

三　小学校を卒業して村立白田川中学校に進学しました

この中学校には、白田川村にある三つの小学校から生徒が集まって来ていました。そのため、私たち第1学年の生徒数は約１００名で上川口小学校のときの生徒数の3倍ほどでした。

入学式の後、新入生は2クラスに分けられて、それぞれ各自のクラスの教室に入り、そこで教科書を配布されました。そのとき、私は「教科書は要りません」と言って受け取りませんでした。

中学校の授業が始まりました。授業中に教科書を忘れる生徒が何人かおり、先生に忘れた生徒は手を上げさせられました。どの科目の時間でも手を上げる私のことが職員会議で話題になったようです。ある日の放課後、担任の女先生に呼び出され「あなたはどうして、いつも教科書を忘れるのですか？」と聞かれました。私は「教科書は先生に返したでしょう。私は教科書を持っていません」とお答えしました。担任の若い女先生は「あなたのお父さんは立派な方だし、お兄さんも良く勉強ができましたので、すでにお父さんが教科書を買っていると思っていました。そのため、あなたの教科書は東京に送り返しました」と言いながら目には涙を浮かべておられました。

私は小学生のときから実家の農業を継ぐことが決まっていました。そのため、小学6年生のときには牛を使って田畑を耕す作業を手伝ったり、自分で作業をしたりしていました。そこで、牛の後をついて行くのが自分の役目であれば、もうこれ以上の学校での勉強は不要と自分勝手に決め、中学校に入ってからは勉強しないことにしていたのでした。

小さい時から私を可愛がってくれた祖母は私のこのような考えを理解してくれていました。また、両親は私が勉強しないことも学校の成績が良くないこともよく知っていましたが、学校の成績のことで注意された記憶はありません。

中学1年生のときには、教科書を持っていないことや授業中に騒いで周りに迷惑をかけることがあり、私はその罰として授業中に黒板の脇の教壇によく立たされていました。それを知った上級生たちがその姿を見ようと、私たちの教室に隣接する廊下に来て「誠がまた立たされている」などと言って、指を指しながら笑ったりしていました。私はそれに苦笑いで答えていました。

私は中学2年生のとき、人生で最低の成績をいただきました。通知表を見ると、国語、社会と続く各科目に3〜5項目の記入欄がありましたが、その欄にすべてスラッシュが入っていました。これには、私も驚き、担任の先生に「いくら出来の悪い生徒でも点数くらいはつけてください」と文句を言いました。すると先生から「お前は本当にバカだね。これはスラッシュではなく、全て1点だよ。平均点を見てみろ」と大学卒業したばかりの新任の男性教員にお叱りを受けました。ただ、野球部員として活動していた私は最後の体育の点数だけは3点がついていたように記憶しています。

中学2年生の3学期の試験では、答案用紙に名前だけ記入して、その用紙の裏に絵を描いて提出したりしていましたので、成績が悪いことは覚悟していましたが、体育以外の全ての科目が1点には驚きました。

両親は通知表を見せなさいと言いませんので、私は通知表をひとりで処分しました。最初は自宅の天井裏に隠しましたが、この家の建て替えのとき大工さんに見つかることが心配になりました。そこで、自宅から１㎞ほど離れている裏山に行き、大きな杉の木の根元に深い穴を掘って埋めたのです。このことを昨日の出来事のように記憶しています。

四　祖母のアドバイスで高等学校への進学が決まりました

全校で最低の通知表をいただいた私でしたが、中学３年生の元旦に、当時85歳だった祖母に父と私が呼ばれ、祖母より「今からの百姓は高校だけは出る必要がある。何かあったら皆さんが相談に来るような百姓にならなくてはいけない。誠も高校には行きなさい」と言われたのでした。祖母の意見に父も納得しました。このようにして私の高校進学の方針が決まりました。

その頃、私の田舎では高校に進学する生徒は大変少なかったのです。中学校卒業後は、殆どの人が家業を継いだり、就職をしたのでした。２歳年上の兄の学年では約１００名の中で高知県立中村高校に進学したのは３名でした。その３名とも中学校の成績はトップクラスの生徒でした。

数年前に隣の町に定時制高等学校が開設されましたので、その定時制高等学校に進学したいと祖母に話すと「定時制高等学校はダメ。中村高校に行きなさい」と言われました。

その頃、白田川中学校では高校進学希望者は、正規の授業が終わった後、高校進学のために補習授業を受けていました。正月明けに補習授業担当の先生に「補習授業のクラスに３学期から入りたい」とお願いをするのが大変恥ずかしかったことを憶えています。「勉強しないで成績が悪いと補習クラスから追い出す」という条件で補習授業を受けることができました。それから卒業までの3ヵ月間、私なりに勉強しました。

その頃、高知県は県民の学力向上のため、高校進学希望者の全員を入学させる方針を進めていました。そのため、高知県立中村高校は入学試験がなかったので、地元の伝統校である中村高校に入学することができました。

五　中村高校ではマラソン大会で1位でした

実家のある上川口から中村高校がある中村市（現四万十市）までは15㎞ほど離れています。私は中村高校には実家から雨の日も毎日砂利道を自転車で1時間かけて通いました。

その毎日の自転車通学の効果が毎年冬に行われる中村高校伝統の全校マラソン大会で現れました。全男子生徒500人ほどが校庭に集まり、同時にスタートして学校の側を流れる川沿いの道を北上し、途中で山道を超えて西側を流れる四万十川に沿った道路を走って校庭に帰って来る1時間を超える伝統の全校生徒によるマラソン大会です。

私は1年生のときこの全校マラソンを一生懸命に走りました。その結果は全校で第3位でした。翌年の2年生のときのマラソン大会では、私は陸上部の長距離選手たちと一緒にスタート時点からかなりのスピードで全校集団を離して走りました。その結果、ゴールした時には何と私は全校で第1位でした。

私が優勝したことを祖母に伝えると祖母は「勉強だけでなく、何でも良い。一番になることが大切だ」と言って喜んでくれました。高校3年生の時には、大学受験勉強を優先して、秋からバス通学にしましたので、体力に衰えがみえ、全校で第2位でした。

六　中村高校時代には素晴らしい恩師と友人に恵まれました

私は中村高校への自転車通学の途上で、同じように自転車で通学する隣町の大方町立大方中学校出身の同級生たちと親しくなりました。そのうち特に親しくなった3名の同級生は大変真面目な優秀な生徒で私の人生の進む方向に大きな影響を与えてくれました。中村高校には無試験で入学できましたが、入学すると直ぐに学力テストがあり、その結果によって入学生は8クラスに分けられました。知り合いになった大方中学校出身の3名は学力テストが良かった生徒を集めて編成した大学進学クラスに入っていました。普通のクラスにいた私は、いつかは、彼らと同じクラスに入りたいと思って勉強するようになりました。その結果、2年生になってから彼らと同じクラスに入ることができました。その後は、通学時には途中にある大方町のバス停の所で待ち合わせて、毎日一緒に自転車で中村高校に行きました。昼食は雨以外の日は、高校のすぐ後の川の土手に座って弁当を食べていました。3名のうちの一人の宮川昭男君は私の祖母の実家で生まれ育ち、私とは親族になるので、特に親しくしていただきました。やがて宮川君は幡多郡の小学校の校長として活躍し、退職後は歌人として大活躍しています。もう一人の芝崎寿泰君は歯科医師となり、大方町で地区医療に大きく貢献しています。更にもう一人の二宮康彦君も幡多地区の小学校の校長として貢献されました。

高校3年生の時の夏休み前に、大学進学クラスの担任である山中卓先生に私は呼び出され、受験予定の大学について聞かれました。私は「大学受験しません。家業の農業を継ぎます」とお答えしました。

夏休みに入ったある日の夕方、山中卓先生が遠い上川口の私の実家まで来られ、両親に私の進学を勧められて帰られました。そのことを知った88歳の祖母は「農業の時代は終わった。今からは月給取りの時代だ。田畑は売ってもよい。山中先生も勧めてくれているように、誠も大学に行って月給取りになりなさい」と言ってくれました。そのことを、今になって考えれば、当時88歳の祖母の判断は実に正しかったと心から感謝しています。

そこで、私は祖母の言葉にしたがって、父の推薦する二つの国立大学と兄が通っている早稲田大学を受験しましたが不合格でした。ただ、父には内緒で受験した東京電機大学だけは辛うじて合格できました。しかし、父は、専門学校から大学になったばかりで、社会にあまり知られていない東京電機大学に入学することには反対でした。

七　祖母の甥の四国電力社長のアドバイスで東京電機大学に入学

祖母が小谷家に嫁ぐ前に、実家で我が子同様に育てた甥の宮川竹馬氏が、このころ四国電力の社長になっていました。そこで、祖母が私の入学について宮川社長と相談した結果、宮川社長から「東京電機大学は電気工学では伝統がある学校だからこの大学に入学させた方が良い」と言われ、祖母が父を説得し、また、宮川社長が大学での私の保証人になってくださり、無事に東京電機大学に入学することができました。

小学生のときから勉強が大嫌いな劣等生の私は、このような経緯を経て、幸運にも東京電機大学に合格でき、喜んで上京しました。

しかし、大都市東京に来て大変なショックを受けました。田舎の高校を卒業して、東京にやってきたばかりの私は、標準語もうまく話せず、その上、周りのクラスメイトを見ると、皆さんが大変賢そうな顔をしておられる。私はこのようなクラスメイトについて行けるかどうか不安になり、初めて劣等感を抱くようになりました。

東京に非常に多くの人々が住んでいるのにも驚きました。私の育った村では、ほとんどの人たちが顔見知りであり、見知らぬ方とお会いすれば、「こんにちは」と挨拶するのは当然だと思って育ってきました。ところが東京では、見知らぬ方に声をかけると、かえって変に思われます。

私は大都市という人間の洪水の中で、今まで感じたことのない深い孤独感に襲われました。私はこの孤独感と劣等感、そして、それからくる寂しさに耐えるために多くの小説を読み始めました。そして、読書から得た知識や共感が、その後の私の生き方に大きな影響を与えてくれました。

八　苦悩に満ちた私の考え方を変えた3冊の本

孤独感と劣等感を抱き苦悩に満ちた大学生活をしている私は、ある日、通学路の御茶ノ水駅近くの小さな書店に立ち寄り、そこで一冊の本を見つけました。それは、新潮文庫から出版されているヘルマン・ヘッセの「春の嵐」という小さな文庫本でした。高橋健二訳のこの本の第1章の最初の10行を読み、感銘を受け、その場ですぐに購入したのでした。そして、この「春の嵐」を学生時代に何度も繰り返し読みました。

この頃、私は**「人間の価値とは何だろうか！」**ということについて悩んでいました。この本から私が教えられたことは、「残念ながら人間は平等には作られていない。非常に恵まれた人がいるかと思えば、不運に生まれた人もいる。そこで、人間として尊いことは、両親から与えられた自分を素直に受け入れ、そして自分を少しでも人間的に向上させるように努力することである」ということでした。

次に感銘を受けた本はサマセット・モームの「人間の絆」でした。この長い小説の中で第

121節にある「**ただ一つ、人間としてなしうることは、人のいいところは、これを認め、欠点は、これを黙って、我慢することだった**」という文章でした。

私はこれを他人とお付き合いするときには「その人の良いところだけ見て、欠点は見ない」という生き方が大切であると解釈して、それ以降、このような考えを持って生きて行くように努力してきました。その結果、後に述べるような多くの友人を得ることができました。

九　人間は自己を向上させるために努力する必要性を悟る

ヘッセとモームの小説を通じて教えられ認識したことは「自分は劣っている人間だから、社会のためにはそれほど役に立つことはないだろう。しかし、両親や兄弟、親しい友人には愛される人間になりたい」ということでした。

さらに、「両親より与えられた自分を少しでも高めるためには、学生の身分である私にとっては、勉強に集中することが一番大切である」と考え、それ以降、迷うことなく学業に集中した日々を送ってきました。

その頃、たまたま目にしたゲーテの戯曲「ファウスト」の中の

「天使たちは、いつも囁いている。
たえず努力する人々を
幸せの彼方に運ばなくてはならない」

という詩に感動して、この詩を机の上に飾っていつも勉強しました。

十　本気で勉強に取り組むとますます勉強したくなります

将来に大きな夢と希望を持って目標を立て、それに向かって意欲を持って努力していると脳神経の伝達物質であるドーパミンが脳の中心部から分泌され、脳を活性化します。ドーパミン神経には、目標が達成されると更にドーパミンの分泌を増加させる報酬回路も備わっています。ドーパミンは人間にやる気と幸福感を起こします。

大学で勉強することを決意した私は、大学から4畳半のアパートの部屋に帰ると直ぐに自炊し、軽く寝て、夜中に起きて、大学の専門科目について勉強しました。その結果、大学での私の成績も上がり、ドーパミンがますます分泌されて幸福感に満ち、ますます勉強しました。

なお、ドーパミンの働きについては、第十章の脳科学の項目で詳細にお話しします。

十一　大学院に進学し自分の道が開けました

大学を卒業する頃になると、小学校時代から勉強嫌いであった私が、両親から与えられた自分の人間的な価値を高めるためには、どうしても大学院まで進みたくなりました。そこで、私の卒業研究の指導教授であり、当時電子工学科の学科長であられた中野道夫教授（東京電機大学第三代学長）にご相談しました。

その結果、「君がそんなに大学院に行きたいのであれば、大学に残りなさい。君の成績でしたら大学に残れるよ」と言われ、大学を卒業すると私ひとりだけ実習助手として大学に残していただきました。そして、夜間大学院として我が国ではじめて開設された東京電機大学の修士課程に入学しました。

当時、私は東京電機大学にいつまで在職していても万年助手と思っていましたが、幸運にも大学院博士課程2年生のとき、電子工学科の専任講師にしていただきました。そして、専任講師として4年間勤務したあと助教授に昇任しました。

十二　新型トランジスタを使った記憶回路の開発で工学博士を取得

大学院では中野道夫教授のご指導のもとで日立製作所と共同で新しいカラーテレビ受像機の開発研究を行っていました。そして、その研究を通じて論文をまとめていたのでした。しかし、大学院の多くの教授から「このテーマでは博士論文をまとめることが難しい」と指摘され、ひとり悩みました。

そして、思いついたのが当時発売されたばかりの電界効果トランジスタ（FET）を使ったコンピュータの記憶回路の開発研究でした。この研究で多くの論文を日本と米国の学会誌に発表して工学博士の学位をいただくことができました。

現在、脳がどのような方法で記憶しているか正確には解っていませんが、脳は私が開発した記憶回路と同じような方法で記憶しているのではないかと推定されています。脳の記憶回路については第六章で詳しくお話しします。

十三　米国のマサチューセッツ工科大学（MIT）に留学して医用工学の研究を始める

この頃、私は工学博士の学位を取得できホッとしていました。しかし、私が開発した新しい素子FETを使った記憶回路は集積化に適しております。そこで、将来コンピュータの記憶回路に活用できそうであると推測した大企業の研究者たちが参入してきました。私は彼らと開発競争しても勝つ見込みがなくどのように対処したら良いか悩んでいる時、当時の阪本捷房学長（東京電機大学第二代学長）から米国マサチューセッツ工科大学（MIT）への留学の話がありました。

提示されたMITでの研究テーマは生体磁気学に関するものでした。米国で開発されたばかりの世界一高感度の磁束計を用いて、人間の脳、心臓、肺などから発生している微弱な磁気を計測して、人間の脳、心臓、肺の機能や病気の診断に応用する研究でした。この研究は世界で始まったばかりの研究であり、この分野の知識がない私でもやっていけると思いました。

東京で自宅を購入したばかりで、資金的にも余裕がありませんでした。しかし、文部省からの支援も期待でき、またとない機会ですので、妻と3人の娘を連れて米国に留学することを決心しました。

十四　単身ボストンに行き家族5人で生活できる住宅を探す

初めて訪れるボストンでしたから、まず家族5人で生活する住宅を探す必要がありました。そのため、私は昭和50年（1975）10月に単身でボストンに行きました。そして、最初は単身でボストンに来られている日本人だけ7名の人たちが住んでいるアパートに仮住まいをしました。そのアパートからMITまでは、そこに住んでいる日本人の車に便乗させていただきました。

私と家族が一緒に住む住宅として、最初はボストン市内のMITに近い高層アパートを探しましたが、良い部屋が見つかりませんでした。そのうち、ボストンの中心地から10㎞以上も離れているウインチェスタ市に広大な地所に戸建住宅が30棟ほどある「ウインチェスタ・ガーデン」という貸家群を見つけました。小学校も近くにあり、しかも、そこには日本人医師4家族が住んでおりました。大変環境が良いので、即決して住宅を借り受け、その年の11月末には家族を呼び寄せることができました。

私がウインチェスタ市の貸家を見つけた後も、仮住まいアパートに住んでいる日本人の方々のサポートがありました。中古の洗濯機など家財道具も帰国する日本人から購入することができました。

車は一緒のアパートにいた名古屋大学教授から300ドルで購入できました。この車はプリムスという古い大型の乗用車でした。私は車についてはある程度の整備能力は待っていましたので、エンジンを整備しながら乗っていました。しかし、この車は寒い日には、走行中でもアクセルペダルから足を離すとエンジンが止まることが多く、エンジンが止まるとハンドルとブレーキが急に重くなり大変危険ですので、細心の注意をしながら帰国するまで乗り続けました。

十五　自宅からはMITに車で通学しました

常時は、ウインチェスタの自宅から無料の高速道路を利用して、車で30分をかけてMITに通勤していました。MITでは私がいる磁気研究所から200mほど離れている駐車場に車を止めていました。ただ、ボストンは治安が悪いと聞いていましたので、5時過ぎると多くの職員が帰宅するので、その空いた磁気研究所内の駐車場に自分の車を移動して、毎日午後7時ころまで仕事をしてから帰宅しました。

私たちの生体磁気計測の実験室は磁気研究所の2階にありました。この計測実験は超高感度のSQUID磁束計を使って行います。SQUIDとは超伝導量子干渉素子の英語の頭文字を並べた言葉です。超伝導状態で使用するため、磁束計の内部をマイナス270度に保つため、液体ヘリウムを多量に使用します。そのため、計測実験は月に一度程度でした。

ＭＩＴでの多くの時間は、眺めの良い磁気研究所の5階にある研究室で、私より3歳ほど若いアメリカ人の研究者と2人で過ごしました。

十六　優秀な医師4家族とのボストンでの楽しい生活

「ウインチェスタ・ガーデン」という貸家群に住んでいる日本人4家族にも小さなお子さんがおり、全員で12名の日本人の子供たちはすぐ親しくなり、住宅周辺の芝生が植えられた空地で、はしゃぎまわって遊ぶのが常でした。私たちも家族的なお付き合いをすることが多くなり、各家庭に行ったり来たりして、楽しく過ごしました。

ボストンは、冬は雪が多くて寒いので、そのお陰で子供たちもスケートなど楽しみました。暖かい高知県出身の私たち夫婦は、日本の北国でよく作られていた「かまくら」という雪の家を自宅の庭に作り、家族で楽しんだりしました。

しかし、この5家族のうちで、私たちが最初に帰国することになりました。そこで、私は家族共々支えあって過ごした楽しい生活が終わると寂しくなるとの思いから、皆様に「ボストンファミリー会」設立を呼びかけました。そして、帰国後も時々お会いしましょうと提案して同意していただきました。

帰国後は2、3年に一度「ボストンファミリー会」を開催して、全家族が集まっていました。

当時、皆さんは日本の大学医学部の助手でしたが、帰国後、皆さんは立派な医師になられ、医学に貢献されています。私より5歳歳下でしたが、医者4家族の中では最年長の北島政樹先生は慶応大学医学部教授になられ、病院長、医学部長になり、日本外科学会や国際外科学会会長など、多くの学会長を務めています。更に国際医療福祉大学の学長になり、同大学の念願だった医学部を創設しました。

北島先生の1年後輩の小林紘一先生も慶応大学医学部教授になられ、日本胸部外科学会理事長をはじめ日本外科学会理事など多くの学会の役員を歴任しています。

西野輔翼先生は国立がんセンター研究所のがん予防研究部・部長などを歴任して京都府立医大の教授になられています。

ハーバード大学医学部で脳の細胞数を調べる研究を行っていた小川恵弘先生は毎日脳の微小な一部を取り出し、そこにどれだけの細胞があるかを顕微鏡を使って数えていました。そして、私は小川恵弘先生から自動的に脳の細胞数を数える方法を考えて欲しいと依頼されました。

私たちが帰国直前に、小川先生が交通事故に遭われました。小川先生はハーバード大学医学部まで電車通学をされていました。最寄り駅から歩道を歩いて自宅に帰る途中、若いアメリカ人の運転する車が雪の積もった車道でスリップして、歩道に乗り上げてきて、小川先生をはねてしまいました。脳に大きなダメージを受けましたが、奇跡的に回復されて、その事故から2年後に帰国され、東京都の研究所に勤務されました。そして、80歳台の現在も医師として活躍されています。

私はこの4名の先生方には今でも大変お世話になっており、深く感謝しています。

十七　猛吹雪の日に大変危険な目に遭いました

ある日、今夜は猛吹雪になるという警報がありましたので、MITの磁気研究所の職員は3時すぎから帰宅しました。そこで、私は早めに車を磁気研究所の駐車場に移し、いつものように7時まで仕事をしました。仕事を終えて外に出るとそこは猛吹雪です。車もほとんど走っていません。私はいつものように高速道路に入り、100キロほどのスピードで走りました。高速道路は雪上車が時々走る以外に乗用車は走っていません。

私の車はエンジンからガタガタという異常音を発していましたが、アクセルを外すとエンジンが停止することを知っていた私は、アクセルを踏み続けて100キロのスピードで走りました。

やっと高速道路からの出口が見えましたので、アクセルペダルから足を外しました。それと同時にエンジンが停止し、ハンドルとブレーキが手動に代わり、車の操作が大変重くなりました。幸い出口用の道路にはカーブはなく、道路の両側には雪が積もっており、車を壁にこすることもなく、一般道路の脇に停車することができました。そこから自宅まで３㎞ほどの距離がありましたので、北島先生に電話して車で迎えに来ていただきました。

翌朝、車の所に行き、ボンネットを開けるとガソリンポンプが故障しており、エンジンルームの中にガソリンが溢れていることがわかりました。もし、高速道路を１００キロのスピードで走っている時にガソリンに引火していたらどうなっていただろうと思うと今でもゾッとします。

また、大雪の日に次のような危険な経験もありました。高速道路の出口を出て、自宅までの林の中を通る車の少ない車道を走っていました。先方から乗用車が来ましたので、私はスリップしないように軽くブレーキを踏みながら走行しました。道が緩やかにカーブしていましたので、中央車線からはみ出ないようにハンドル操作をしました。ところが、私の車はコントロールがきかなくなり、ついに中央車線からはみ出し、対向車と正面衝突する直前、私はブレーキペダルから足をはずし、両手でハンドルにしがみつきました。その瞬間、私の車は大きく曲がり、雪におおわれた歩道に突っ込み正面衝突を避けることができました。対向車の運転手も大変驚いたと思いますが、そのまま去って行きました。

大変危険な目にあった私は、その後、雪道の運転方法について郊外のスーパーマーケットの広い駐車場で勉強しました。スリップを避けるためには、ポンピング・ブレーキ法を使うことを学びました。強くブレーキを踏み車の速度を落としますが、車はスリップします。そこで、直ぐにブレーキペダルから足をはずし、車の進む方向を立て直す方法です。雪道などで車を停止させる場合、バタバタと数回に分けてブレーキを使う方法です。

留学中に交通事故を起こすと人生が大きく狂います。安全第一に生活しましょう。

十八　米国ではアスベストによる公害が問題化しました

米国では長い間アスベストの有害が検討されてきました。丁度、私がＭＩＴに留学した昭和50年（１９７５）頃にアスベスト工場で働く労働者に肺癌が多いことが問題になり、ハーバード大学医学部とＭＩＴはアスベストについて共同研究を開始しました。私の担当は、肺に蓄積したアスベストを磁化して、アスベストがたまった肺から発生する磁界を計測して、肺内のアスベストの蓄積量を計測する肺磁界計測装置の開発でした。

そして、私たちＭＩＴのグループはアスベスト工場の労働者の肺内蓄積粉塵量を計測しました。その結果、アスベストが健康に大変有害であることがわかり、米国では昭和64年（１９８９）には環境保護庁（ＥＰＡ）によってアスベストの使用が完全に禁止されました。しかし、この禁止規制は、平成3年（１９９１）の米国の最高裁判所の判決により部分的に撤回され、アスベストの使用が特定の製品やプロセスに限定されることになりました。現在、アスベストは米国で使用される建材や製品に対して、非常に厳しい規制が存在しています。

日本では、平成18年（２００６）に施行されたアスベスト規制法によって、アスベスト含有製品の製造、輸入、販売、使用が禁止されました。しかし、建設現場での除去や解体作業など、必要な場合に限り例外が許されています。

十九　いよいよ家族を連れて一時帰国し、私は東京電機大学で研究を続け七月にＭＩＴに再度行くことにしました。

私の娘たちは日本での新学期を迎えるために、昭和52年（１９７７）3月に帰国することになりました。私は昭和52年（１９７７）10月までＭＩＴの客員研究員の許可をいただいていましたので、3ヵ月間だけ東京電機大学に帰り、ＭＩＴで行っていた肺磁界計測研究のコンピュータ解析を続け、再びＭＩＴに行くことになっていました。

生体磁気計測の研究では、逆方向問題と呼ばれている解析が大変難しい問題があります。一般に磁界の発生源がありますとそれが周りに作る磁界は、比較的容易に計算できます。この計算方法が順方向問題と呼ばれています。一方、周辺から計測された磁界から磁界の発生源を見つけるのは、大変難しい問題であり、これを逆方向問題と呼んでいます。

逆方向問題の身近な問題としては地震があります。地震が発生すると周辺で計測された震度の大きさから震源地と地震の大きさ（マグニチュード）は直ぐに計算されて、テレビで報道されます。地震の場合、震源地は1ヵ所と決まっていますので、容易に解析できます。

例えば、震源地が2ヵ所以上あり、同時に地震が発生した各震源地の場所と大きさを求めることはかなり困難になります。

生体磁気計測の場合、発生源が数十個あり、逆方向問題は大変難しい問題です。私は肺磁界計測における逆方向問題をＭＩＴの計算機を使って行いましたが、一時帰国時には、東京電機大学の計算機を使って行い、その結果を持って7月に再びＭＩＴに行きました。

ＭＩＴでは、私の指導教授の David Cohen 博士がこれらの資料をまとめて、私と連名で「Report of the Low-Field Group of MIT」と題して、私の肺磁界計測の研究業績として、英文で３００ページに及ぶ論文を昭和53年（１９７８）２月に出版してくださいました。

第二章　米国から帰国後の教育研究活動

この章では米国から帰国してからの今日までの私の研究・学会活動や教育活動などについて述べています。

具体的には、

①肺内に蓄積している粉塵量を計測して、スパイクタイヤ公害問題を指摘して、スパイクタイヤを国内で禁止させたこと。

②脳磁界計測装置を総予算約60億円の国家プロジェクト研究として世界一の計測装置を開発したこと。

③日本で生体磁気国際会議を2回開催したこと。

④教授会で工学部長や学長に選ばれたこと。

などをお話しさせていただきます。

一　米国から帰国直後は肺に蓄積している粉塵量の計測研究を行う

ボストンから帰国後、ＭＩＴで使用していた超高感度の磁束計が手に入らないので、ドイ

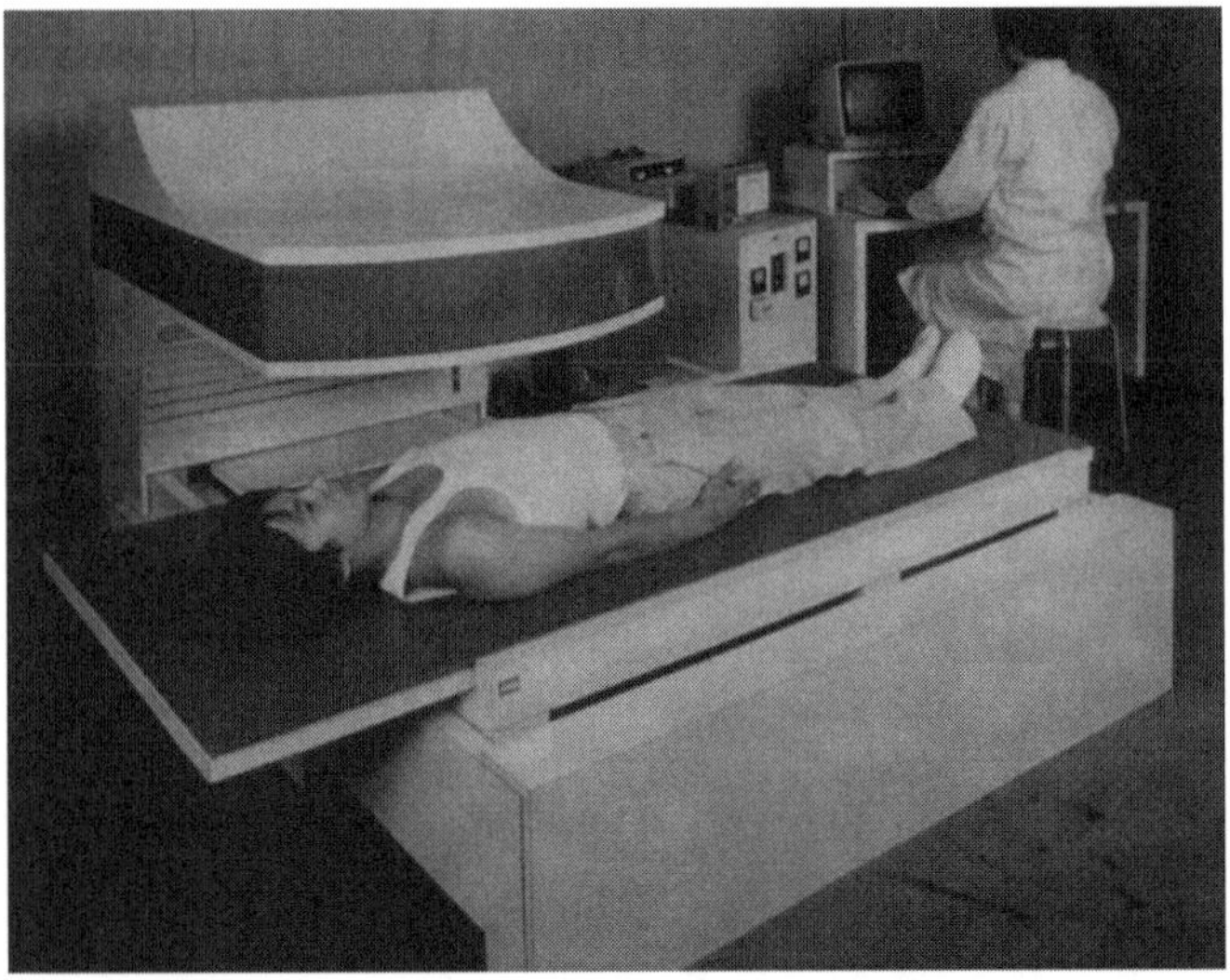

（写真２－１）　肺内の粉塵量を計量する肺磁界計測装置

ツ製の高感度の磁束計を購入して、比較的磁気の強さが大きな肺磁界計測の研究をはじめました。幸運にも北里大学医学部高田勗教授や相澤好治助教授（後に北里大学副学長・医学部長）と共同研究が可能となり、私の研究室の助手であった内川義則博士（現東京電機大学名誉教授）らと共に塵肺で入院中の患者や労働者延べ５０００名の肺内蓄積粉塵量を測定しました。更に北里大学医学部ではウサギやマウスを使って肺機能の解明の研究を行いました。

その後、昭和56年（１９８１）に仙台市内でスパイクタイヤによる粉塵公害が問題となり、東北大学医学部第一内科の滝島任教授の依頼で私たちが開発した肺内の粉塵量を計測できる（写真２―１）に示す肺磁界計測装置を仙台市に持ち込み、住民の肺の中に溜まっている粉塵量を2年間にわたって計測しました。

その結果、スパイクタイヤを使用する冬の期間と使用しない夏の期間では、住民の肺内の粉塵量が大きく異なることがわかりました。この研究結果に基づいて検討した結果、スパイクタイヤは住民の健康に大変有害であることがわかり、スパイクタイヤの全国的な使用禁止が確定しました。

二　日本で初めて脳磁界計測研究を開始しました

肺の研究である程度の成果をあげ、研究費が集まるようになり、念願の米国製の超高感度SQUID磁束計を購入することができました。この装置はあまりにも感度が高いので、都心の東京電機大学神田キャンパスでは高価な磁気シールド装置を設置しないかぎり使用できません。そこで、開設して数年しか経っていない東京電機大学鳩山キャンパス内に実験棟を建設しました。私が全て設計し、釘などの磁性材料をいっさい使わず、私たち研究者と学生だけでこの実験棟を建設しました。

実験棟が完成し、最初の脳磁界計測を昼夜を問わず3日間連続して実施しました。特に深夜は磁気雑音が少なく絶好の計測時間帯です。若いとき農業の労働で鍛えた私はびくともしませんでしたが、東京大学大学院修了後すぐ私の研究室にきた合原一幸助手は実験疲れから か超過労状態になってしまいました。それ以来、計測実験は私が担当し、理論は合原一幸博士にお願いすることにしました。

なお、合原一幸博士はそれから約10年後、40歳過ぎに東京大学教授になり、現在では生物現象の非線形理論の世界の第一人者として活躍されています。

三　脳磁界計測研究が総予算60億円の国家プロジェクト研究に選ばれる

当時、脳磁界計測研究は日本では私たちのグループだけでしたので、医学、工学、低温学、化学などいろいろな学会で特別講演を依頼され、その度に私が脳磁界計測研究グループの代表として講演しました。

脳科学の研究は当時社会から注目されていましたので、通産省が主体となって作られた国の次期プロジェクト研究を選考する委員会からも私に講演の依頼がありました。その委員会では7つほどのテーマが選ばれていましたが、私は「脳磁界計測装置の開発とその医学応用」をテーマとして最初に2時間の講演を行いました。30名ほど出席しているこの選考委員会での講演では、数名の委員からご質問がありましたが、予定通り終了しました。

それから1年ほど経過した後、通産省から研究題目「高度脳磁場計測装置の開発」、総予算は5年間で約60億円で研究開発することが決定した旨の報告を電話でいただきました。

（写真２－２）　磁気雑音を避けるため東京電機大学千葉ニュータウンキャンパスの本部から最も遠い場所に建設された超伝導センサー研究所（左が脳磁場計測棟、右はSQUID製作棟）

四　東京電機大学に超伝導センサー研究所を設置

このように国家プロジェクト研究に選定され、東京電機大学の千葉ニュータウンキャンパスには（写真２―２）に示すようなプロジェクト研究を行うための超伝導センサー研究所の二つの研究棟が平成2年（１９９０）10月に完成しました。それ以降、本プロジェクト研究を行う幹事会社である日立製作所、横河電機、島津製作所、住友電工、東芝などから若い研究者が毎日50名ほど超伝導センサー研究所に集まり、熱心に研究に取り組み、研究は順調に進みました。そして、国家プロジェクト研究は平成7年に当初の予定通りの成果をあげて終了しました。

その後、この国家プロジェクト研究を実施するために購入した備品や開発したすべての装置が東京電機大学に無償で移管され、東京電機大学の超電導応用研究所となりました。そして、引き続き国立研究開発法人である新エネルギー・産業技術総合開発機構（ＮＥＤＯ）より2年間で約6億円の研究費をいただき、私が責任者となり、新しい高精度のSQUID磁束計を開発しました。

更に東京電機大学は文部省のハイテクリサーチ構想の一環として、約5億円の補助金をいただき、先端工学研究所を建設し、生体医工学に関係する研究が行われています。

五　脳磁界計測研究の内容と目的は

私たちが行っている脳磁界計測の研究は、脳から発生する微弱な磁界を計測し、頭に傷をつけることなく脳のさまざまな機能や異常な部位を調べるものです。具体的には、我々が本を読んでいる時、あるいは計算をしている時、または、音楽を聞いている時などに脳のどの部分がどのように活動しているかを調べる研究です。

例えば、てんかん患者の発作は脳内神経細胞の一部弱い部分からパルス状の電圧が発生し、それが脳内の神経細胞網に伝わり発作を起こすことはわかっています。しかし、最初の発生場所を見つけるのは現在ある脳計測装置では大変困難です。しかし、脳磁界計測を行うことによって、今日では容易に発生場所を特定できます。

六　研究成果を発表する学会

私たちが自分たちの研究成果を国内で発表できる学会は、当時、日本ＭＥ学会（現日本生体医工学会）でした。この学会は昭和37年（１９６２）11月に東京電機大学の丹羽保次郎初代学長と阪本捷房第二代学長が中心になって設立した学会です。そのため、東京電機大学の教員や企業で医用工学の仕事に従事している東京電機大学の卒業生が多数会員になっていました。

生体磁気計測の研究をしている世界の研究者が一堂に会して討論する生体磁気国際会議が、私が留学していた昭和52年（１９７７）にＭＩＴで開催されました。それ以降、２年毎に世界の主要都市で開催されることになりました。

第４回生体磁気国際会議がローマで開催されました。その総会の会場で第６回生体磁気国際会議を日本で開催して欲しいという要望が参加者からありました。そこで、日本からの出席者を代表して、九州大学工学部上野照剛教授と私が日本での開催を約束して帰国しました。

七　日本での最初の生体磁気国際会議の開催

国際会議を開催するためには多額の費用が必要です。40歳代の若い上野教授と私にはそれだけの資金を集める力量がありません。そこで、人工心臓の研究で世界的に有名な東京大学医学部の渥美和彦教授に会長をお願いして、私が事務局長になり、上野教授がプログラム委員長、更に日本から若い東京電機大学根本幾教授や北里大学相澤好治教授にプログラム委員になっていただいて体勢を整え、第6回生体磁気国際会議を昭和62年（1987）8月に東京のホテルで開催し成功裏に終了できました。

八　日本で2回目の生体磁気国際会議を開催

国家プロジェクト研究が終了し、東京電機大学に世界一の脳磁界計測装置ができたことを知っている外国の研究者から私に対して再び日本での国際会議開催の要請がありました。しかし、私は集金能力がありません。そこで、東北大学医学部長の吉本高志教授にお願いし、私が工学を代表した会長、吉本教授が医学を代表した会長として二人の会長制で、第11回生体磁気国際会議を平成10年（1998）8月に初日を東京電機大学で、残り3日間を仙台国際会議場で開催しました。

なお、吉本高志教授は医学部長のあと東北大学総長になられ、更に総長退任後は大学入試センターの理事長として活躍されました。

九　多くの学内の役職を務める

ＭＩＴから帰国後すぐに教授に昇進させていただきました私は、40歳になったばかりの学内では最年少の教授でした。そのころ、私は肺の中に溜まっている粉塵量を計測する装置である肺磁界計測装置の開発に熱中していました。大学での講義以外、研究に熱中できたのは、このころの5年間だけでした。

45歳になると電子工学科の学科長（主任教授）に選ばれて、学内会議や学生の就職の面倒で大変忙しく過ごしました。学科長の任期の4年間を務めて放免され、再び研究に没頭しました。

しかし、1年後には学生部長という忙しい仕事が入りました。学科長や学生部長の任命権は学長にあります。当時の学長は中野道夫教授であり、学生時代の私の指導教授です。中野学長に呼ばれ学長室に行くと、中野学長は「小谷君には研究を続けていただきたいと思っています。しかし、周りの先生方から小谷君を学生部長に任命せよという意見が多いので、学生部長を受けてほしい」と言われました。

親しい先輩教授たちから「次は学生部長をやりなさい」と言われていましたので、ある程度の覚悟はしていました。学生部長は多くの雑務があり、大変忙しい仕事であることは覚悟していました。しかし、学生部長は大学に一人しかいないので、学部・学科の枠を超えて多くの学生と直接お話しできるポストであるため、教員としてはやりがいのある仕事だと思っていました。このようにして、任期3年の学生部長に就任しました。

十　学内の仕事と学会活動を両立させるように努力しました

学生部長の3年間の任期を終えホッとしている時に、中野学長も学長の任期の終りを迎えていました。次の第四代学長には中野学長の東京大学阪本捷房研究室で先輩である岡村総吾名誉教授が確定していました。

岡村先生は東京大学工学部長を務めた先生で日本学術会議の重要メンバーでした。そして、東京電機大学の学長候補として阪本学長に呼ばれて、私が所属していた東京電機大学工学部電子工学科に籍を置いていましたが、ほとんど大学には来なかったので、東京電機大学内のことはあまり多くは知っていないようでした。

私は岡村次期学長に呼ばれ、学生部長も続けて欲しいとお願いされました。しかし、私は国家プロジェクト研究である「高度脳磁場計測装置の開発」の研究が東京電機大学の千葉ニュータウンキャンパスでスタートしたばかりで、この研究のことが気になり、学生部長の留任はお断りしたのでした。

その数日後、先輩教授が私の部屋に来て、「岡村先生が、学長のお願いすることも聞いてくれない教授がいる大学では学長を受けることができないと言って怒っていますよ。小谷さんも学生部長の延長を引き受けてください」と進言されました。そこで、私は岡村先生にお会いして、「学生部長をやりたいと思っています教授は沢山います。そこで、そのポストを私が長年続けるのは問題があると思って辞退しました。しかし、岡村先生が私に続けよとおっしゃるのでしたら、まず、1年間だけ延期しても良いです」とお話ししましたところ、岡村次期学長もこれを了解して、この問題は円満に解決することができました。

十一　学生部長のあと引き続き工学部長に選ばれました

国立大学をはじめ主な私立大学では、主任教授や学生部長などは学長が指名します。しかし、学部長以上の役職は教授会の選挙で選出されます。私が学生部長を4年間務めて退任する時、工学部の第一部長と第二部長がともに任期の終了を迎え、その後任の学部長を選ぶ選挙が教授会でありました。驚いたことに、私が工学部第二部長に選ばれたのです。

工学部第二部長の仕事は工学部第二部、すなわち、夜間部の責任者です。工学部第二部の教育の目的は昼間働き、夜間に大学で勉強したい学生を集めて教育するところです。ところが、当時の工学部第二部の学生の大半は工学部第一部に入れず、第二部に入学して途中で第一部に転部したいと考えている学生でした。

そこで、私は高校を卒業して企業で働いている人々を集める方法と第二部の学生を第一部に転部させる学生を増やすことに努力しながら4年間の任期を修了しました。

そして、工学部第一部長と第二部長の任期の終了がきましたので、次期の第一部長と第二部長を選ぶ選挙が教授会であり、何と私が工学部第一部長に選出されました。

何故に私が選ばれたかということを考えてみました。東京電機大学教授の多くは一流大学を卒業された方々です。そのような方が学部長という学部のトップになるとその学部の運営がむずかしいと多くの先生方は思ったのではないでしょうか。

私のように子供の時から劣等生であった人間ですが、大学時代にサマセット・モームの「人の良いところだけを見て、欠点は見ない」という生き方が多くの先生方に認められたのかも知れません。一流大学を卒業された大変優秀な教授の先生方も多数役職についておられましたが、それらの先生方の共通点は、批判されると強い勢いで反論して相手を黙らせることでした。

欠点の多い私は教授会で教授から厳しい意見をいただくことがありましたが、それには真っ向から反論せず、「今後十分に考えます」とお答えして、その場を過ごすことが多くありました。そのような姿勢が共感を得たのでしょうか。こうして、私は第一部長の職に就くことになったのでした。

十二　第五代学長に選ばれたのは予想外でした

第四代岡村学長の任期も平成10年（１９９８）3月末に迫っていました。その前年から次期学長を選ぶ選挙があります。当時の東京電機大学の学長選出規定の概要は次のようになっています。

まず推薦委員会が発足し、推薦委員会が推薦した10名ほどの候補者について第1次選挙があります。第1次選挙の投票権のある方は教授会メンバー、それに入っていない助教などの教員、そしてある決められた地位以上の事務職員の方々です。第1次選挙の結果により、ある条件を満たしている上位2〜3名の候補者について、教授会メンバーだけによる第2次選挙があります。

第五代学長を選ぶ選挙は平成9年（1997）の秋にスタートしました。その時点で東京大学の現役教授が最有力候補であることは学内に内々に知られていました。学長推薦委員会は学長候補を学内の教授だけではなく、学長に相応しい人物がいれば学外の方でも推薦できます。

第五代学長を選ぶ選挙で推薦委員会によって推薦された候補者は、最有力候補である東京大学教授以外はすべて学内の学部長経験者など7名だったと記憶しています。そして、推薦委員会が推薦した8名の候補者について、第1次選挙が各キャンパスで行われました。その結果、東京大学教授がダントツで1位となり、学内から推薦された教授の票数はほぼ横並びでしたが、その中では私が1位でした。

それから十数日後に御茶ノ水駅近くのホテルで工学部と理工学部の教授会メンバーによる第2次選挙がありました。その結果、私を選んでくださった票が有力候補と思われていた教授の票を数票上回っておりました。

十三　学長就任後の主な仕事

私は工学部第一部長の任期を1年残していましたが、第一部長を辞任して、平成10年（1998）4月に学長に就任しました。

私が学長に就任した当時、我が国は少子化を迎え、大学受験年齢に当たる18歳人口の減少期を迎えていました。それにも拘わらず、我が国では大学の新設や学部学科増設が続きました。東京電機大学もその流れに遅れを取らないため、平成12年（2000）4月に理工学部に生命工学科と情報社会学科を増設することと平成13年度に千葉ニュータウンキャンパスに2学科からなる情報環境学部を新設することが岡村学長時代に内定されていました。

私は学長に就任すると、すぐ理工学部に新設する2学科の教育内容と担当教員を決定し、文部省に申請し認可され、新設学科は予定通り、平成12年（2000）度よりスタートしました。引き続き、千葉ニュータウンキャンパスに新設する予定の新学部の学科名、教育内容、担当教員を決定し、文部省に申請し、これも予定通り平成13年（2001）度よりスタートしました。

学外の仕事としては、先に述べた東北大学吉本教授と2人で会長を務めた第11回生体磁気国際会議を平成10年（1998）8月に開催しました。それが終わると間もなく国立大学の業績評価を行う評価専門委員会の仕事に入ることになりました。

十四　国立大学の業績評価を行う仕事は大変でした

平成16年（２００４）に国立大学が民営化されることが決まりました。民営化された後、国立大学には今までの実績に応じて国からの交付金の額が決まります。そこで、平成13年（２００１）に文部省から呼び名が変わった文部科学省は全国の大学や企業などから１００名近い評価専門委員を選び、国立大学を評価することにしました。東京電機大学からは学長の私が評価専門委員に選ばれました。

評価専門委員全員が、文部科学省の下部機関である大学評価学位授与機構の大会議室に集められて、全国立大学に諮問する内容を検討し、その諮問内容が文部科学省から各大学に発送されました。それから2ヵ月ほどで全大学から回答が届きました。

回答を受け取った後の仕事が大変でした。評価専門委員は10名ずつの小さなグループに分けられ、各グループがそれぞれ平均9大学を評価することになりました。私のグループは多数の学部をもつ大きな国立大学の評価を担当することになりました。しかも、文部科学省から私たちのグループの責任者である主査に私が指名されました。

それ以降、各グループは独自に集会も持ち、各大学からの回答書を読み、その大学の実績を評価したり、問題点を指摘しました。そして、それらの問題点についてはヒアリングを行うことになりました。

毎週、担当する各大学の副学長、各学部長、事務局長など10数名の幹部の先生方に文部科学省まで来ていただきました。そして、多くの文部科学省職員の見守る中で評価専門委員の中から2人の委員と主査の私と3名の委員でヒアリングを行いました。

私が受験しても合格できないような立派な国立大学を私のような人間が評価することに疑問を感じたこともありましたが、文部科学省の命令であり、一見堂々とした態度でヒアリングを行いました。

2ヵ月間で9大学の全てのヒアリングを行った期間、私は各大学からの回答書を読むのに、本当に受験勉強している思いでした。幸運にも大学評価も何の落ち度もなく、国立大学の学部長先生と対等に論議することができ安堵しました。

十五　多くの財団法人の役員を務める

(1) カシオ科学振興財団の研究助成金の選考委員に就任

MITから帰国して10年ほどして、財団法人カシオ科学振興財団の研究費申請書の選考委員に就任しました。これは私が電子工学科主任教授のときでしたが、これが財団法人の初めての仕事でした。

この財団は株式会社カシオ計算機を設立した樫尾4兄弟とその父親の5名で資金を出し合って、自然科学分野における学術の振興をはかるために昭和57年（1982）12月に設立された財団です。この財団はその年から研究費の申請を受け付けていましたが、申請書の中には医用工学関係が多くあり、そのため医用工学関係の研究費を審査できる選考委員を探していました。

私はこの財団から最初に脳磁界計測関係で多額の研究費をいただいていました。そのような関係もあり、私に選考委員の依頼があり、引き受けました。この財団への研究費の申請には国立大学の大変優秀な若手教授などから毎年50件ほどの申請がありました。そのなかには、後にノーベル賞を受賞した高度な研究などもあり選考は大変でした。

私は学長に就任してからは、提出された申請書を丁寧に読む時間をとることが難しく、選考委員の退任をお願いしました。そうしたら、財団の理事長の依頼で選考委員を降りることはできましたが、その後、引き続き財団の理事に就任することになりました。

理事会のメンバーは東北大学西澤潤一元総長や東工大末松安晴元学長、高知工科大学岡村甫学長など日本を代表する先生方でした。理事会のメンバーともさほど気をつかわずお話しができるようになった頃、株式会社カシオ計算機の社長の依頼で財団の理事を退任して、カシオ計算機株式会社の社外取締役に就任しました。

（2）多くの財団法人の役員を引き受けました

財団法人カシオ科学振興財団の選考委員就任をきっかけに多くの財団法人の役員を引き受けることになりました。心電計を製作しているフクダ電子株式会社が会社創立50年を記念して、平成2年（1990）12月に福田記念医療技術振興財団を設立しました。設立時には私は評議員に就任しましたが、現在は理事を務めています。

次に東京電機大学廣川利男元理事長の後任として、私は公益社団法人の日本電気技術者協会の副会長も務めました。更に、私の大学での最初の教え子で株式会社マクニカ創業者の神山治貴氏が作られた神山財団の評議員会議長や財団役員選考委員長などを現在も務めています。

(3) 多くの国際奨学財団法人の役員を引き受けました

平成に入り、私の研究室にも海外から留学生が来るようになりました。私の研究室にきた留学生のために奨学金が欲しくて、設立されたばかりのヒロセ国際奨学財団に奨学金をお願いしました。そうしたら、選考委員長の大島正光東京大学名誉教授から電話があり「それでは奨学生の選考委員になって下さい」と言われ、選考委員を引き受けました。それ以来、ヒロセ国際奨学財団の選考委員を続け、現在では財団名が変わったヒロセ財団の理事及び選考副委員長を務めています。

これを機会に、大島正光名誉教授の弟子で現在ヒロセ財団を総括している小川進吾常務理事に私は認めていただきました。小川常務理事は財団法人設立の専門知識を持っており、多くの奨学財団の設立を依頼されていました。その度に私を役員に推薦していただきました。平成19年(2007)にロッテ国際奨学財団(現ロッテ財団)の設立時には、私は評議員と選考委員会副委員長に、そして同じころ設立された竜の子国際奨学財団には選考委員会委員長に就任しました。更に平成17年（２００５）には似鳥国際奨学財団が設立され、私はその財団の理事に就任しました。

（4）二人のノーベル賞受賞者に特別講演を行っていただいた渡邉財団

平成６年（１９９４）５月に大島正光東京大学名誉教授を理事長として、財団法人磁気健康科学研究振興財団が設立されました。大島正光先生は高齢を理由に平成18年（２００６）６月に退任され、齋藤正男東京大学名誉教授が就任されました。

齋藤正男先生は体調を崩されて退任されました。そして、平成22年（２０１０）６月に私小谷誠が理事長に就任しました。翌年の平成23年（２０１１）３月に公益財団法人の認定を受け「公益財団法人磁気健康科学研究振興財団」に移行しました。

令和元年（２０１９）４月に米国で活躍中の当財団専務理事渡邉利三氏より多額の寄付金があり、財団名を「公益財団法人渡邉財団」に変更し、渡邉利三氏に名誉会長に就任していただきました。そして、「渡邉利三国際奨学金基金」を設立し、その年の11月に第一回国際奨学生を募集しました。

そして、第一回の海外留学助成金と第26回研究助成金の授与式を令和２年（２０２０）６月30日に行いました。この授与式では、平成27年（２０１５）にノーベル生理学・医学賞を受賞された北里大学特別栄誉教授の大村智先生に「古くて新しいエバーメクチン物語」と題して特別講義を行っていただき、大変好評でした。

令和6年（2024）6月には、公益財団法人渡邉財団が創立30周年記念を迎えます。それを記念して、「オートファジーの仕組みの解明」により平成28年（2016）にノーベル生理学・医学賞を受賞された東京工業大学榮譽教授の大隅良典先生に特別講演を依頼することになり、令和5年（2023）12月に東京工業大学大隅良典研究室を訪問し、正式に特別講演をお願いしました。

以前、私がマサチューセッツ工科大学に留学していたころ、大隅先生は米国ロックフェラー大学に留学していました。また、私が東京電機大学の学長の時、岡崎国立共同研究機構で「脳磁図（MEG）」について講演する機会があり、その時、大隅先生は研究機構の中の基礎生物学研究所の教授として『オートファジー（自食作用）の仕組みの解明』の研究に没頭していました。これらの接点があり、大隅先生と和やかな雰囲気の中で特別講演のお願いができました。

十六　株式第1部上場企業の役員を務める

（1）理研計器株式会社の技術顧問・社外監査役を務める

理研計器株式会社は財団法人理化学研究所の辻二郎研究室において発明開発された光学式ガス検定器と光弾性実験装置を製造販売するため、昭和13年（1938）に設立された会社です。

昭和38年（1963）ころ電気製品にトランジスタが使われるようになりましたが、理研計器にはトランジスタを使える技術者がいませんでした。そこで、辻二郎社長は長年懇意にしている東京電機大学の丹羽保次郎初代学長に協力をお願いしてきました。そこで、浮かびあがったのが早くからトランジスタ回路に興味を持って勉強していた私でした。

丹羽保次郎学長に連れられて学長車で理研計器を訪問しました。丹羽学長が来られたのには辻社長も驚いていましたが、辻社長が丹羽学長と私を連れて、社内を案内してくださいました。

その結果、私が技術指導員として、毎週1回、午後5時に理研計器に行き、技術者20名ほどにトランジスタの使用法などを講義することになりました。

技術指導員としてトランジスタ回路を教えておりましたが、数年後に私が東京電機大学の専任講師になりましたので、私は理研計器の技術顧問に昇格し、それ以降、長い間技術指導をしました。

私は会社の仕事を手伝っていることに何となくアルバイトをしているようで、後ろめたさを感じていました。

ところが、MITに留学して驚いたことがありました。MITの技術系の教授は民間企業の技術顧問をするとか、それを好まない教授の場合には自分で会社を作り、実学を学ぶことが必要条件であるという決まりがありました。これには驚きました。

そして、私が東京電機大学の学長になることが決まったので、理研計器の技術顧問を退任させていただきました。ところが、学長退任後に再び理研計器から誘われ、今度は社外監査役に就任して、75歳まで務めました。

（2）カシオ計算機株式会社の社外取締役に就任

公益財団法人カシオ科学振興財団の理事を務めていた時、社長から本社の社外取締役に就任して欲しいと要請され、財団の理事を退任して、本社の社外取締役に就任しました。

社外取締役に就任して、7年間務めました。最初の数年間は認知症予防装置の開発に力を注ぎました。後半は小・中学生のプログラム教育のための関数電卓の開発に力を注ぎましたが、私が取締役の中では最年長でありましたので、老害を恐れて82歳で退任させていただきました。

十七　平成27年秋に瑞宝中綬章をいただきました

以上述べてきたような今まで私が行ってきたことが認められ、平成27年（2015）秋の叙勲に際し天皇陛下より「瑞宝中綬章」をいただきました。この時、初めて妻と一緒に皇居の立派な建物に入りました。しかし、これで私の人生が終了した訳ではありません。これからも身体に気をつけながら与えられた仕事や職務に頑張って行きたいと思っています。

第三章　脳細胞はどのようにして作られるか

人間の脳細胞は、受精卵《じゅせいらん》が遺伝子《いでんし》の指令によって細胞分裂を繰り返すことで作られます。さらに、脳の細胞分裂はお母さんのお腹の中にいる時に終了します。そのため、脳の細胞数がもっとも多いのは生まれたときです。しかし、生まれたばかりの脳細胞のほとんどは、神経細胞体《しんけいさいぼうたい》と呼ばれる小さな植物の球根のようなものです。

この細胞体が発育すると、働く脳細胞になります。細胞体には、生まれた直後から死滅するものや20歳頃まで生き残るものがあります。細胞体が死滅した後は、脳細胞の数は増加しないので、細胞体が生きている間にどのように細胞体を育てるかによってその人の能力が決まります。

この章では脳細胞の基礎を中心に話しており、あまり面白くありませんが、ぜひ皆様に読んでいただきたい章になっております。

一　人間の脳細胞は遺伝子の指令で細胞分裂して増加します

人間の身体は約60兆個の細胞から作られていると考えられています。

生命の誕生は、女性の卵子に男性の精子が入り受精卵《じゅせいらん》ができるところから始まります。この受精卵と呼ばれる一つの細胞が遺伝子の指令で細胞分裂を起こし、同じ細胞が２つできます。さらに細胞分裂が起きると、同じ細胞が４つできます。10回にわたる細胞分裂では、１０２４個の同じ細胞ができることになります。ただ、人間の細胞は遺伝子の指令により、わずか50〜60回までしか細胞分裂ができない仕組みになっています。

１個の細胞が50回細胞分裂をすると、なんと１１２６兆個の細胞ができます。しかし、分裂してできた細胞も死滅するので、人間の細胞数は60兆個程度だろうと考えられています。

人間をはじめとする動物の細胞の中心部には「核《かく》」があります。この核の中に、染色体《せんしょくたい》があります。染色体は、遺伝子が整然とたたまれてできたものです。人間には、約３万個の遺伝子があると考えられています。

人間の遺伝子は、人間の設計図とも呼ばれています。また、人間の脳細胞は、遺伝子の指令により決まった設計図通りに作られます。さらに、分裂する速度も遺伝子によって決められており、脳細胞はお母さんのお腹の中にいる約10ヵ月で細胞分裂が終了するようになっています。

そのため、人間の脳細胞の数がもっとも多いのは、お母さんから生まれたときです。しかし、赤ちゃんのときの脳細胞は、非常に小さな球根のような形をした神経細胞体がほとんどです。

（図3―1）に示すように、神経細胞体から樹木の根に相当する樹状突起《じゅじょうとっき》が成長して、そのうちの一本が伸びて樹木の幹に相当する神経繊維《しんけいせんい》となります。すなわち、神経細胞体は発育した神経細胞から樹状突起と神経繊維を取り除いたものであり、その中心に核があります。

脳神経細胞には、（図3―1）の(A)に示すような軸索に髄鞘《ずいしょう》のない無髄神経《むずいしんけい》と、(B)に示すような髄鞘と呼ばれる1㎜ほどの長さの絶縁物質で覆われた有髄神経《ゆうずいしんけい》があります。

一般に脳から手や足などに電気信号を伝える主要な神経細胞は有髄神経細胞になっており、電気信号の伝わる速度も秒速20～80ｍと早いです。一方、自分の意思で電気信号を伝えることのできない交感神経は無髄神経細胞になっており、伝達速度も秒速30㎝～1ｍ程度と遅いです。

そして、神経繊維の先に神経終末《しんけいしゅうまつ》が成長して、隣の脳細胞の樹状突起と第六章で説明しているシナプスを通して連絡が取れるようになったときに、やっと一人前の脳細胞として活動できるのです。したがって、生まれたばかりの赤ちゃんの脳細胞は樹状突起などがあまり育っておらず、何の働きもできないのです。

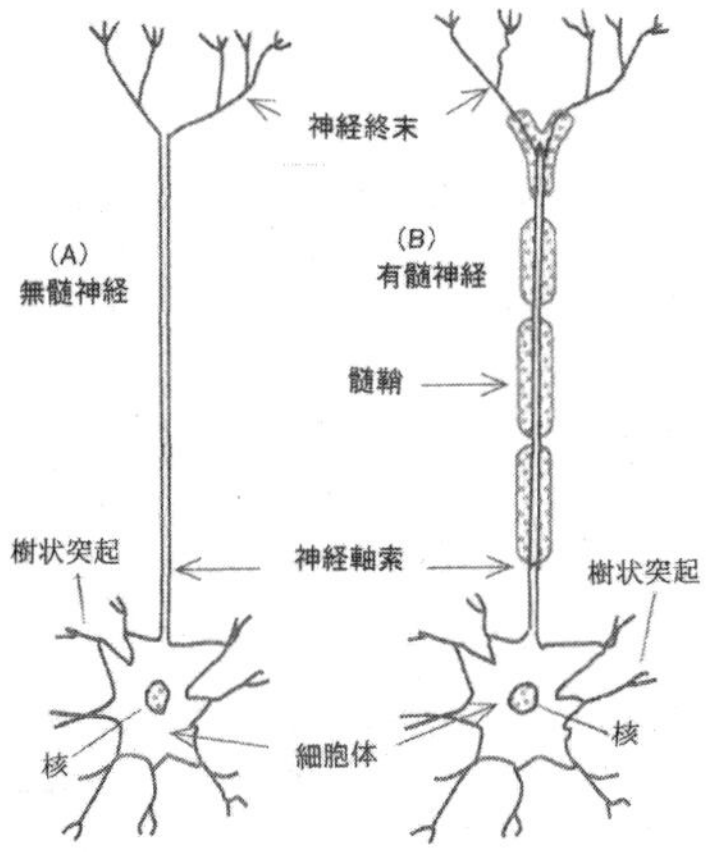

（図3－1）

二　脳細胞が発育するのは20歳ごろまで

細胞体の多くは栄養成分が行き渡らず、芽を出さずに死んでしまいます。栄養成分が与えられ、芽を出した細胞体だけが成長して働く脳細胞になるのです。脳の細胞体が育つ時期は、脳細胞の場所によって異なります。一般に、脳は後頭部の視覚野《しかくや》から育ち始め、最後は額のすぐ後ろにある前頭前野《ぜんとうぜんや》の細胞体が育ちます。寿命の短い視覚野の細胞体は、2歳ごろまでに死滅します。一方、寿命の長い前頭前野の細胞体は、22歳ごろまで生きています。一人前に育った脳細胞が死滅する順番は先ほどとは反対に、前頭前野からスタートして、最後に視覚野の脳細胞が死滅します。

細胞体が勢いよく育つのは、小学校・中学校時代であり、1日200万個の割合で脳細胞に育ちます。この時期にどのように栄養成分を与えるかによって、いろいろな特徴を持った人間に育つのです。脳に与える栄養成分とは、細胞体に加える刺激です。刺激とは、その部分の細胞体を使用するように努力することです。

三　脳細胞は使えば使うほど発育します

人間の身体は使えば使うほど発育します。例えば、足を使うスポーツをしている人の大腿《ふともも》の筋内は大きくなり、腕を使うスポーツをしている人の腕の筋内は大きくなります。これは、細胞の根と幹と枝葉に相当する部分が大きく育つからです。身体に限らず、脳細胞も使えば使うほど発育します。

脳の細胞体が一人前の脳細胞に育つのは、22歳までです。それからは脳細胞の数は増えません。しかし、細胞体から育った脳細胞が成長するには、10年かかります。そのため、人間の脳がもっとも活発に活動するのは30歳前後です。

四　脳細胞の発育には臨界期があります

(1) 使わない脳細胞は育たない

動物の脳細胞には、発育できる期間である臨界期《りんかいき》があります。

臨界期について、猫に関する大変興味深い実験が行われています。それは、生まれたばかりの猫の目に光が入らないようにして数週間ほど飼育すると、光刺激がないので、猫の脳内の視神経《ししんけい》が育たず、正常な猫であってもすべて失明してしまうという実験です。しかし、一度育った視神経は、数ヵ月間暗闇に置かれていても死滅することはありません。

(2) 猫に関する興味深い実験

さらに興味深い実験が、昭和45年（1970）にケンブリッジ大学で行われました。この実験では、生まれたばかりの猫を縦縞のみに限定された視覚環境で飼育すると、横縞を判別する視神経が育たず、猫をテーブルの上に乗せると横の境界線が判別できず、猫はテーブルから落ちてしまうという結果が得られました。それとは反対に、横縞のみに限定された視覚

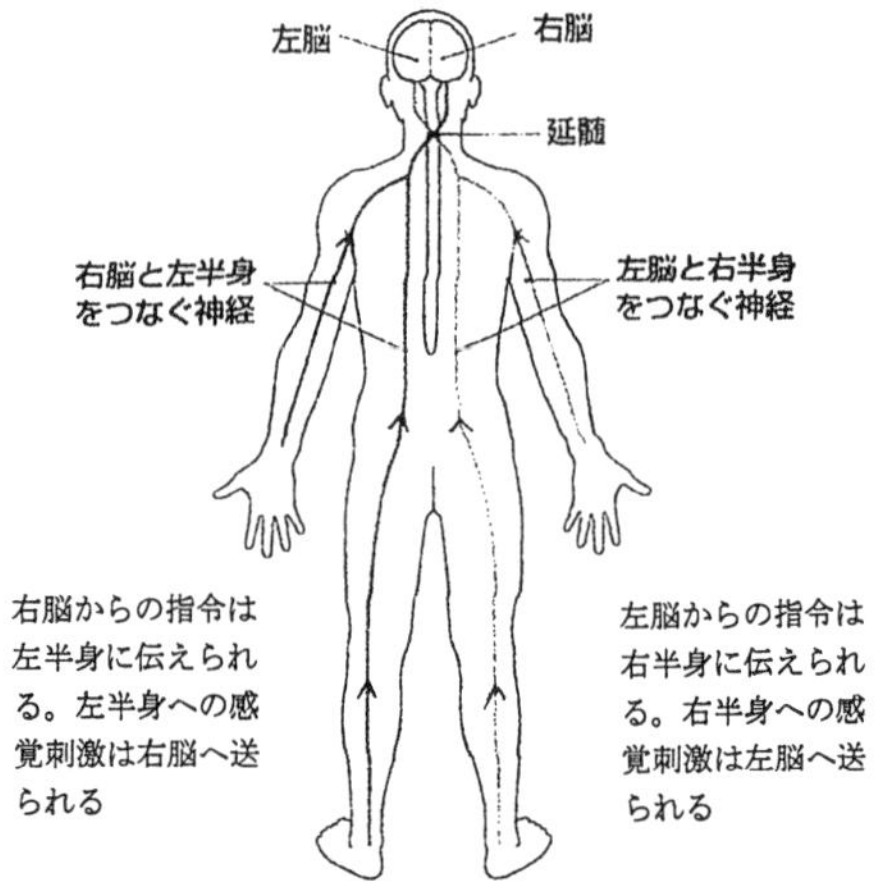
左脳
右脳
延髄
右脳と左半身をつなぐ神経
左脳と右半身をつなぐ神経
右脳からの指令は左半身に伝えられる。左半身への感覚刺激は右脳へ送られる
左脳からの指令は右半身に伝えられる。右半身への感覚刺激は左脳へ送られる

（図３－２）　脳の交叉支配のしくみ

環境で飼育すると、縦縞を判別する視神経が育たず、縦棒などに衝突してしまうという結果が得られました。これらの実験は、生理学的にも視神経を解剖して証明されています。

(3) ことわざ「三つ子の魂百まで」

猫などの小動物の脳の細胞体が育つ期間、すなわち臨界期は３ヵ月ほどですが、人間の場合は、脳の細胞体が生き残っている期間は短いもので2年、遅い細胞体では20年程度と言われています。お母さんから与えられた脳の細胞体の半分は3歳までに死滅するという研究結果もあります。そのため、人間の脳細胞が正常に発育するためには、生まれた後の最初の数年間の環境がもっとも大切です。人間の性格は、主な脳細胞が育つ数年間で決まります。前記のことわざはそのことを表したものになります。

五　脳細胞には仕事の分担があります

人間の脳細胞は、右脳と左脳の二つに分かれています。（図3―2）に示すように、右脳から出てきた長い神経線維《しんけいせんい》は脳の下部にある延髄《えんずい》で左側に移動し、左半身を支配します。一方、左脳からの神経線維は延髄で右側に移動し、右半身を支配しています。そのため、脳卒《のうそっ》中《ちゅう》で右脳に障害が発生すると左半身が麻痺します。反対に、左脳に障害が発生すると右半身が麻痺します。

左右の脳細胞は、脳を作る遺伝子の指令によってお母さんのお腹の中で同じ形に作られますが、生まれた後は左右の脳の使い方によって多少変化します。

左右の脳は、中心部にある脳梁《のうりょう》と呼ばれるところで約2億本の神経線維で接続されて、情報交換をしています。以前、てんかんの治療のためにこの2億本の神経線維を切断された数千人の患者について調査した結果、左右の脳それぞれが勝手気ままに動き、二人の人間が存在するような行動を取ることがわかりました。

（図3―3）は脳を上から見た図であり、（図3―4）は脳を横から見た図です。人間の脳は図に示すように細かく分かれています。各領域は、それぞれ与えられた仕事をしています。例えば、左右の脳には運動野《うんどうや》と呼ばれる身体を動かす脳細胞があります。右脳の運動野の中央部にある細胞は、左手の動きを担当しています。それより上部にある運動野の細胞は左足

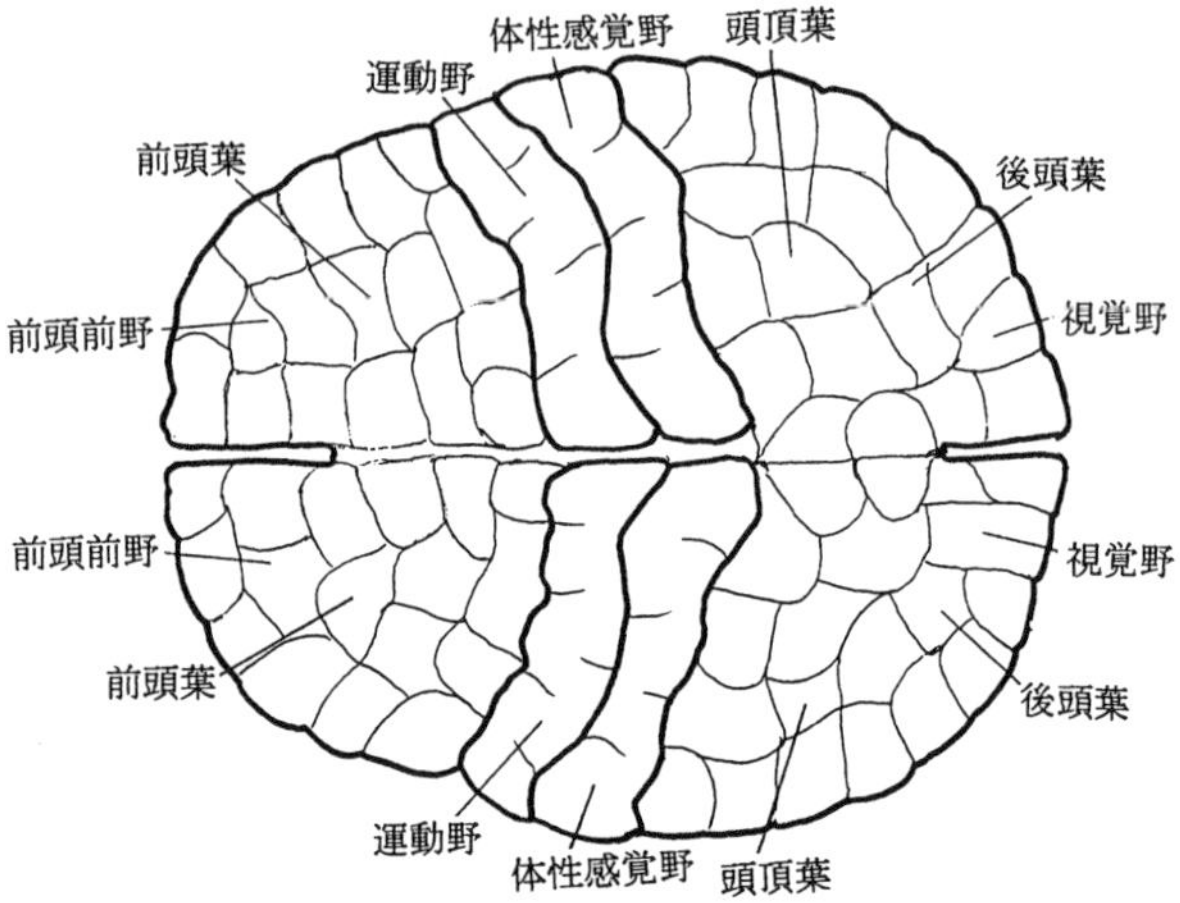

(図３－３) 真上から見た大脳

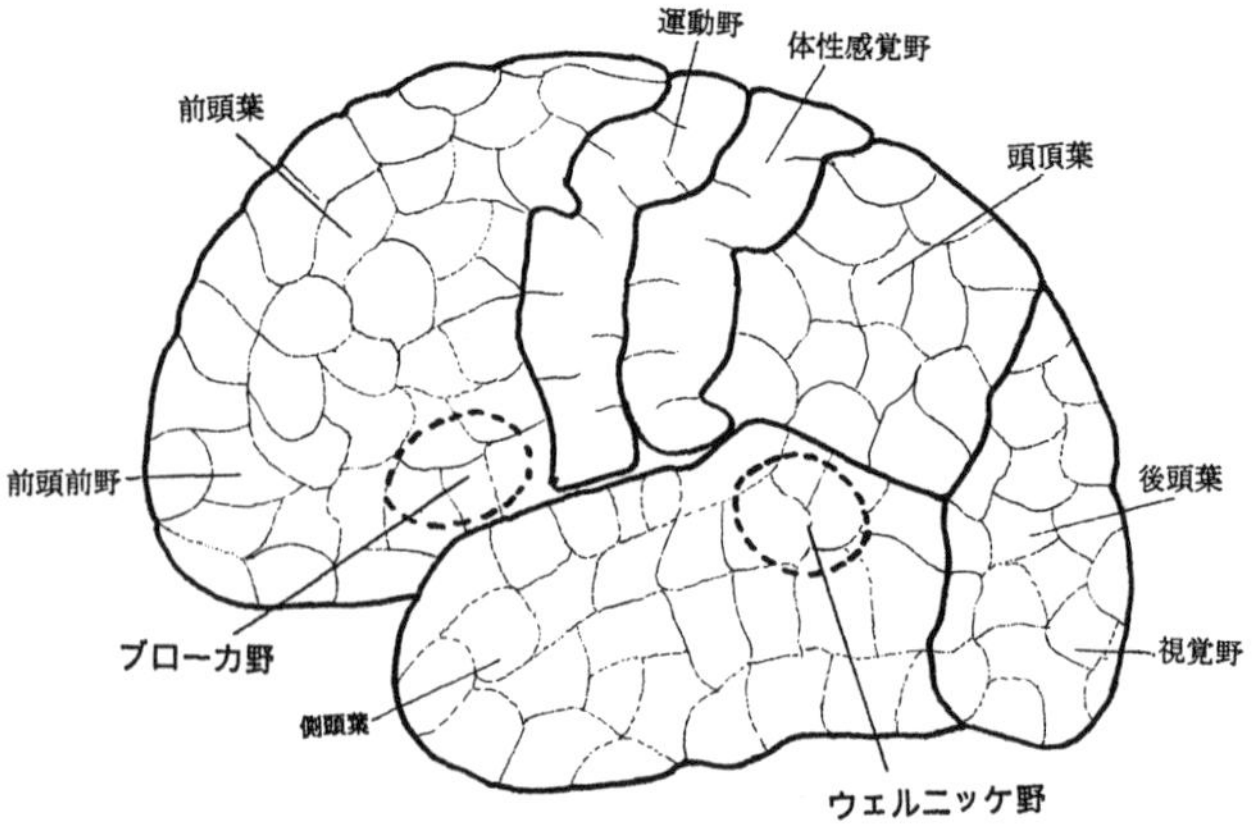

(図３－４) 左側から見た大脳

を担当し、それより下部の細胞は口を担当しています。ところが、子供の頃から手が不自由な人が手の代わりに足を使っていると、足を担当している脳細胞が大きく育ち、足を手のように自由自在に動かし、足で文字を書くこともできるようになります。このように、脳細胞は外から見ることはできませんが、使っている部分は大きく育ちます。

六　脳の構造と基礎的な働きのまとめ

以下、脳の基本的な働きをまとめたものになります。

①人間の脳には右脳と左脳があり、（図3―2）に示すように右脳は左半身をコントロールし、左脳は右半身をコントロールします。右脳と左脳は、2億本の神経細胞からなる脳梁で接続されています。

②人間の大脳皮質は20歳過ぎまでに完成し、140億個はどの神経細胞から構成されています。脳全体は、1000億個の神経細胞で構成されていると言われています。

③人間の大脳皮質の神経細胞数は40歳ごろから減少し、60歳ごろからは、1日平均30万個の割合で死滅します。

④人間の脳細胞が正常に発育するためには、最初の数年間の環境がもっとも大切です。

⑤猫などの小動物の脳細胞の発育では、最初の数ヵ月間の環境が大切です。

⑥人間の脳細胞は使えば使うほど発達し、使うことで死滅する脳細胞数も少なくなります。

⑦脳だけでなく、身体の細胞も使えば使うほど発達し、能力を維持することができます。これは生きる上で大変重要なことです。

⑧脳は分業体制が確立しています。そのため、脳障害を起こしたときには、リハビリによって機能回復が可能です。

七　脳の働きには食べ物も関係しています

皆さん、必ず朝食は取りましょう。脳はブドウ糖と酸素で働いています。ところが、脳はブドウ糖を脳内に蓄えることができません。そのため、脳を使っているときには、血液を介して肝臓《かんぞう》から脳にブドウ糖が運ばれます。

ご飯やパンは小腸でブドウ糖に分解され、グリコーゲンとして肝臓に一時的に貯蔵されます。しかし、朝食を取らないと肝臓の中のグリコーゲンが少なくなり、昼前にはブドウ糖が不足して、脳の活動が鈍くなります。

脳が疲れたときには、すぐにブドウ糖へ変換される糖分を取ることが有効です。しかし、肝臓のグリコーゲンはブドウ糖に変換されないと、脂肪となって体内に蓄積されます。すなわち肥満になりやすいので、ご飯や糖分の取りすぎにも注意しましょう。

八　理科系か文科系かは環境で決まります

人間は大きく分けて理科系の人と文科系の人がいますが、これは両親からの遺伝子によるものではなく、生活環境によって決まります。例えば、小・中学校時代に理科系の先生と親しくなれば、その先生の影響を受けて、その方面の脳を多く使うので、その部分の脳細胞が発育して理科系になるのです。一方、文科系の先生と親しくなれば、その先生の影響を受けて、文科系になるのです。

九　人間にとって最も大切な前頭前野の脳細胞

額のすぐ後を前頭前野と呼びます。人間には大脳皮質の30％に相当する大きな脳細胞が前頭前野にあります。人間に近いチンパンジーや猿には10％、犬には７％、猫には４％ほどの脳細胞が前頭前野にあることがわかっています。

人間の前頭前野の脳細胞がどのような働きをしているか、長い間わからなかったのですが、第五章で述べる最近の脳機能計測装置の進歩でほぼ解明されました。その結果、次のような働きをしており、人間にとってもっとも大切な脳細胞であることがわかりました。

若いときの教育には、脳細胞の発育の過程を理解していることが重要です。前頭前野が発達している人は、将来、社会のリーダーになる可能性の高い方です。

（１）人間の前頭前野の脳細胞の働き

①前頭前野は、思考を司る脳の司令塔です。

②仕事に対して意欲が増し、創造性や実行力が生じます。
③思慮深くなり、判断力が増します。
④他人に対して思いやりをもつ、愛情深い人間に育ちます。
⑤感情的にならず、自己コントロールできる人に育ちます。
⑥計画的な行動ができ、社会で活躍できる人に育ちます。

（2）前頭前野の脳細胞の発育時期

脳の解剖的な所見によると、前頭前野の脳細胞は年齢と共に次のように発育します。
①0〜3歳頃まで急激に発育します。
②4〜10歳頃まで緩やかに発育します。
③11〜18歳頃まで急激に発育します。
④19〜22歳まで緩やかに発育します。
22歳を過ぎると前頭前野の脳細胞数は増加しませんが、前頭前野を使うことで前頭前野の脳細胞が大きく育ち、活発に活動するようになります。

（3）若いときに前頭前野の細胞を育てる方法

①幼児時代には、愛情深い親子のコミュニケーションが大切です。
ハムスターの実験では、生まれたときから親に可愛がられたハムスターは、人間の90歳に相当する3歳になっても、理解力が落ちないことがわかっています。一方、いじめ

られながら育ったハムスターは3歳になれば完全に理解力がなくなることもわかっています。

②5〜10歳頃までは、読み書きと簡単な計算を教え、記憶力をつけます。

③中学時代から大学時代には、将来に大きな夢と希望をもって、目標に向かってコツコツ努力する習慣をつけます。

（4）高齢期に前頭前野の細胞を鍛える方法

①中年・老年期で気力のある方の場合

・同窓会など各種の会合に出席し、多くの方と会話する。

・仕事でも趣味でも創意工夫に努力します。

・文章を読む。絵や詩、俳句を書く。

・歌を歌ったり、楽器を演奏する。

・音楽を聴く。料理をする。

②中年・老年期で気力を失った方の場合

・毎日5分程度、音読をします。

・毎日10分程度、簡単な計算をします。

・好きな歌を歌います。

・集団で会話しながら料理をします。

・男女でダンスをします。

十　人間の心は前頭前野の脳細胞の中にあります

今から2500年前に、哲学者ソクラテスの弟子のプラトンは「理性は脳にあり、情動や欲望は脊髄に宿る」と言っています。

また、プラトンの弟子アリストテレスは「心臓は心の座である」と言っています。

長い間、心は胸にあると思われてきましたが、現在では心は前頭前野にあることが分かっています。

最近の研究では、子供の時に受けた体罰によって前頭前野の脳細胞が小さくなるという驚くべきことが、MRIによる計測でわかっています。

第四章　学校の成績に一喜一憂しないでください

子供さんの学校の成績に一喜一憂する親御さんがいますが、学校の成績はその子供さんが持っている能力のすべてを表しているのではありません。学校の成績に一喜一憂しないでください。

偏差値の高い学校に入学するためには、難解な入学試験を突破する必要があります。入学試験は限られた時間に多くの問題について解答する必要があります。これらの問題を試験場で考えて解答していては時間が足りません。そこで、数学のような本来は考えて解答する問題でも、前もって勉強して解法を記憶している必要があります。

また、学校の成績も学期末の試験の結果によって決まります。期末試験の結果が良ければ、通知表の点数も上がります。しかし、期末試験も入学試験と同じように問題を解答する仕方を記憶していれば、高い点数が取れます。このように学校の成績は記憶力によって決まると言っても間違いないと私は思います。

一　社会で活躍するためには思考力、判断力、実行力が必要

ところが、社会に出ると記憶しているものを脳から思い出して使うだけでは仕事ができません。自分で考えて、判断して、実行することが大切です。この思考力、判断力、実行力が最も大切です。しかし、これらの三つの力を数値で表すのは難しいので、これらの能力を通知表などに掲載していません。そこで、私は学校の成績は本人の持っている能力の半分程度しか表していないと考えても良いと思っています。そのため、学校の成績に一喜一憂する必要はないと思います。

脳の記憶については、第六章と第十章で詳しく述べています。脳内の一つの神経細胞と次の神経細胞とのつなぎ目にわずかの間隙があります。この間隙の部分はシナプスと呼ばれています。脳の記憶のメカニズムはまだはっきり解明されていませんが、脳での記憶にはシナプスが関与していることは、多くの脳の研究者が認めています。

脳内での情報伝達は一つの細胞内では約0.1ボルトの電圧で行われています。ところが、シナプスには狭い間隙があるので、電気信号は伝わりません。そこで、この間隙の情報伝達は化学物質によって行われています。この化学物質は神経伝達物質と呼ばれており、約１００種類あると想定されていますが、現在、見つかっているのは60種類程度です。これらの神経伝達物質が適切に分泌されないとうつ病など各種の精神疾患が発生すると考えられています。

二　受験勉強に熱中するのは悪いことではありません

社会で活躍するためには、他人の能力を借りる必要があります。良い学校に入学できれば、優秀な友達が増え、優秀な方とのお付き合いを通じて社会で活躍することができます。そのためには、難解な入学試験を突破するために塾などに通って一生懸命に勉強して、良い学校に入学するのは悪くないと私は思っています。

私は受験勉強も苦手で偏差値の高い難関な学校には入学できませんでした。しかし、社会に出てから優秀な方々とお付き合いができました。そのお一人である東京工業大学元学長の伊賀健一先生をご紹介します。

三　研究活動と音楽演奏の二刀流：伊賀健一東京工業大学元学長

東京工業大学第十八代学長の伊賀健一先生は、東京工業大学大学院を昭和43年（１９６８）に修了しています。そして、学部生の時から一貫して光エレクトロニクスの研究、特に面発光レーザーの研究に取り組み、世界を驚かす研究成果をあげています。

その業績により多くの賞を受けておいでです。

特に注目されるのは、フランクリン賞です。この賞は２００年近くも続いている世界で最も伝統のある賞でアインシュタイン、エジソン、キュリー夫人などが受賞しています。伊賀先生は平成25年（２０１３）４月に受賞されました。

次に注目される賞は、世界最大で最も権威がある米国の電気電子学会（ＩＥＥＥ）の最高位の賞である「Edison Medal（エジソンメダル）」を令和3年（２０２１）に受賞したことです。日本人で受賞した方は次の3名の先生です。

最初にノーベル賞候補にもなられた西澤潤一東北大学元学長が平成12年（２０００）に受賞され、次に名城大学の赤﨑勇教授が平成23年（２０１１）に受賞されています。赤﨑教授は平成26年（２０１４）にノーベル物理学賞を受賞されています。そして、今回の伊賀先生が3人目で、いずれノーベル賞を受賞されるだろうと期待されている先生です。

また、伊賀先生は、令和4年度（２０２２）の文化功労者として顕彰され、これに伴って、東京工業大学から栄誉教授の称号も授与されています。

（1）伊賀先生との最初の出会いはゴルフです

私のような勉強嫌いな劣等生が伊賀先生のような著名な先生とお付き合いできるようになったきっかけはゴルフです。

私は昭和52年（１９７７）9月にマサチューセッツ工科大学（ＭＩＴ）留学から帰国すると直ぐに教授に昇格させていただきました。それ以来、東京電機大学第二代学長の阪本捷房先生からゴルフを習うように勧められました。

阪本先生は東京大学工学部長の時、東京大学、東京工業大学、早稲田大学など関東にある著名な大学の電気関係の教官からなる「関東電気教官ゴルフコンペ」を立ち上げ、初代の会長に就任しました。私が教授になって数年後に東京電機大学教授数名が入会しました。そして、翌年、幹事大学になりました。

私は幹事の一人として、会員に次のコンペの日時と場所を教えて出欠を確認する係でした。会員全員にメールを送り、ほぼ全員からご返事をいただきました。伊賀先生からのメールには、「参加したいと思っていますが、埼玉県のゴルフ場は行き方がわからないので、教えて欲しい」と書かれていました。そこで、同じ町田市に住んでおり家も近いので、伊賀先生に私の家まで来ていただき、私の車でゴルフ場まで行くことになりました。

（2）伊賀先生ご夫妻は町田フィルハーモニーの演奏者

往復3時間の車の中でいろいろな話をしました。その中で大変興味を抱いたことは伊賀先生ご夫妻が町田フィルハーモニー交響楽団のメンバーで、伊賀先生がコントラバス奏者、奥様がヴァイオリン奏者だということでした。私は、楽器の演奏はできませんが、音楽を聴くのは大好きです。私の妻は子供のときからヴァイオリンを習っていました。そのようなことから私たち夫婦は伊賀先生ご夫妻が出演される演奏会には何度も行かせていただきました。

音楽を通じての交流が続いている時、伊賀先生から「科学者が語る自伝～光と音と～」という科学新聞社発行の本を送っていただきました。これを読むと伊賀先生の子供時代から学長になるまでの歩みが良くわかります。

この自伝書によると、伊賀先生は広島県呉市出身で市立宮原小学校に入学した頃は身体も弱く内気な子度だったようです。ところが、市立宮原中学校に入学して担任の原辰子先生から「そんな引っ込み思案ではだめ！」と一喝され、それからはかなり勉強も生徒会の活動などもしたようです。応援団長として頭にはちまきを締め、太鼓を叩いている写真には、私も驚きました。中学校時代に猛勉強したお陰で広島県ではトップの広島大学附属高校に入学されています。高校時代にも応援団長として活躍しています。

伊賀先生は、「コントラバスの極低音物理楽」という本を令和3年（2021）8月に出版され、私にも送ってくださいました。伊賀先生は東京工業大学1年生の時コントラバスと出会い、演奏法を研究してきました。この本はコントラバスの音を物理学的に解明した名書だと思います。

執筆を薦めてくださる方がおり、私は令和4年（2022）7月に「私でも学長が務まりました」という本を出版しました。拙い本ですが、伊賀先生にお送りさせていただきました。その頃、伊賀先生は、ご本人が会長を務めている微小光学研究会の国際会議がドイツで開かれておりましたが、コロナ禍で自宅からリモートにて参加していました。

伊賀先生は私の本を受け取ると直ぐに次のようなメールを送っていただきました。

「小谷先生のご本、さきほど届きました。大変立派な内容と装丁のすばらしいご本だと感服いたしました。―中略―

いま、日経新聞の私の履歴書で、友人である滝久雄君が9月に登場しています。東京工業大学の同期生なので、毎日読んでいます。

この覧は、ほとんど目を通していますが、ほとんどの有名な方が子供の時には勉強もしなくて成績もよくなかったとお書きです。しかし、本当は何かをすごく勉強していたに違いありません。したがって、小谷先生が勉強できなかったと仰ってもほとんどの方は信じないでしょうね。」と書かれていました。

私が中学校時代にクラスで最低な点数をいただいたのは事実です。伊賀先生がおっしゃる「ほとんどの有名な方が子供の時には勉強もしなくて成績もよくなかったとお書きです」ということは間違いないことだと思います。この方々は勉強せず、友人との遊びを通じて、前頭前野の脳細胞を鍛えて成長したのだと想像できます。

（3）伊賀健一先生からのコメント

私が伊賀健一先生のことを執筆しましたが、間違いがあるといけないので、伊賀先生に原稿をチェックしていただきました。そうしたら、次のようなありがたいコメントをいただきましたので、掲載します。

子供あるいは学生の頃勉強ができなくて、後になって何がしかの成果をあげた例として私を取り上げていただきありがとうございました。少し、釈明の機会をいただきたく存じます。

大学では、コントラバスに夢中になっていて、成績も合格ギリギリ圏内でした。大学院に入るのも一般入試を受けました。博士課程では、それこそ死ぬほど勉強しました。助手の時代は、昭和54年（1979）安保の時で論文も書けず苦労しました。研究で芽が出たのは30代の後半からで、奥手ですね。

その間も、コントラバスの演奏は欠かしませんでした。結局、人生の中で、レーザーの研究とコントラバス演奏はいわば二刀流だったのかもしれません。そこで、いくつか得たものを**伊賀の定理**としてまとめました。

(イ)伊賀の定理1：成績が悪かったが大成した人もいる。
(ロ)定理1の補足1：成績が悪いと大成する、は成り立たない。
(ハ)定理1の補足2：成績がよいと大成しないも成り立たない。世の中の大成した多数は成績がよかったはず。なので、勉強はしなさい。
(ニ)定理の解釈：成績が悪いのは、なにか他のことに夢中になっているに違いない。
(ホ)伊賀の定理2：ある条件のもとで、二刀流はあり得る。

証明：その条件とは？それは皆さんで考えて。

ただ、その可能性は大谷翔平選手が証明してくれた。

次に子供時代に勉強が嫌いでしたが、後日、大変ご立派に成長された方をご紹介します。

四　工業高校卒業の学歴で東京大学教授になった建築家の安藤忠雄先生

少年時代の環境と生き方が私と大変良く似ていて、親しみを感じ深く尊敬している建築家の安藤忠雄東京大学特別栄誉教授をご紹介します。

財団法人ロッテ国際奨学財団（現在、公益財団法人ロッテ財団）が平成19年（２００７）4月に設立された時、安藤忠雄先生と私はロッテ財団の評議員に就任しました。安藤忠雄先生は1期で退任されましたが、私は現在も評議員を務めています。

安藤忠雄先生は平成21年（２００９）と平成26年（２０１４）に癌で大手術を行い、胆嚢《たんのう》、胆管、十二指腸、膵臓《すいぞう》、脾臓《ひぞう》を全摘しています。このために評議員を退任されたのでした。

私は平成29年（２０１７）12月に東京都足立区教育委員会の依頼で東京電機大学で足立区の小学生のご父母を対象にして「社会で活躍できる人間に育てましょう」というテーマで講演しました。

その年に国立新美術館で安藤忠雄展「挑戦」が開催されており、新聞などで大きく報道されていました。安藤忠雄先生は、子供時代に勉強が苦手で、祖母の勧めで大阪府立の工業高校に入学しています。そして、卒業後、独学で建築学を勉強して、工業高校卒業だけの学歴で東京大学教授になられた方です。足立区の小学生のご父母の皆様には、安藤忠雄先生が努力された話をした方が良いと思い、当日会場で配布するレジュメに次の文章を書きました。

①建築家　安藤忠雄東京大学名誉教授の略歴

・独学で建築を学んだのち、昭和44年（1969）に安藤忠雄建築研究所設立。
・日本建築学会賞、文化勲章、フランス芸術文化勲章（コマンドゥール）ほか、国内外で受賞歴多数。
・平成9年（1997）に東京大学教授、現在は名誉教授を経て、東京大学特別栄誉教授。

②安藤忠雄先生の少年時代

・昭和16年（1941）に北山家の双子の兄弟として生まれ、すぐ母方の祖父母の安藤家に養子になる。
・祖母に育てられるが、子供時代には、3日と空けずにケンカしていた。
・学校の成績は、50人のクラスで下から5番目をキープしていた。
・野球をはじめ運動ができたので、祖母は運動会だけは楽しみにしていた。
・本人は高校に進学するつもりはなかったが祖母の勧めで地元の大阪府立の工業高校の機械科に進学する。
・祖父が亡くなった後、祖母との二人の生活は苦しくて、アルバイトとしてプロ・ボクサーになる。
・当時、大学出の初任給が1万円でしたがプロ・ボクサーは1試合出ると4千円を頂けた。

・祖母の勧めで、アルバイトでためたお金でヨーロッパ旅行に行く。

初めての数ヵ月のこの旅行が、建築家への第一歩となる。

安藤忠雄先生の少年時代の生活は、私の少年時代の生活と非常に似ていました。

私の書いたレジュメを講演会で配布して良いか大阪の安藤忠雄建築研究所にお送りして確認していただきました。「配布することを了承しました」というご返事の中に「私はやることが多くあり、あと20年間は生きていかなくてはならない」と書かれていました。

五つの臓器を摘出した安藤忠雄先生の体調を私は大変心配していましたが、令和4年（2022）2月4日の朝日新聞朝刊の「5臓ないなら、ないように生きる」という見出しで、安藤忠雄先生のことが大きく取り上げられていました。

その新聞の中見出しに「希望の根底に大阪人としての誇り　だから私は元気」とありました。安藤忠雄先生は五つの臓器を失くして9年になりますが、退院後は毎日1万歩歩き、昼食は1時間をかけて取り、昼食後は休憩する生活を毎日続けているとのことです。

コロナ禍で自宅にいることが多く、私は毎日自宅の周辺を2000歩ほど歩いていますが、安藤忠雄先生のように1万歩を歩いてみたいと思い挑戦しました。1日目は頑張って8000歩を達成しましたが、2日目は6000歩がやっとでした。3日目は疲れて散歩をやめました。安藤先生の毎日1万歩には驚くばかりです。

安藤忠雄先生は医者も驚くほど元気のようですが、安藤忠雄先生の身体には癌細胞を殺すＮＫ細胞のような免疫細胞が多くあり、癌の進行を抑えているように私には思えます。

ロッテ財団の初めての評議員会に安藤忠雄先生の他にも早稲田大学奥島孝康総長が出席されており、私は安心しました。私は学長時代に奥島孝康総長とは会議の席で何回もお会いする機会がありました。ところが、私と同じ高知県幡多郡出身の大橋一章教授が早稲田大学文学部長に就任された時から奥島総長と3名で「四万十川会」という名前の会を作り、時々会食していました。奥島教授は愛媛県出身ですが、四万十川の源流の村で生まれ育っています。また、大橋先生は四万十川のすぐ近くの中村のご出身です。

五　学校秀才で終わらないで欲しい

私の大学時代のクラスメイトに、「俺はこんなレベルの低い大学に入る人間ではなかった。目標にしていた一流大学の入学試験に失敗して、この大学に入った」とよくぼやいていた友人がいました。彼は大学時代でもよく勉強して、一流企業に就職して、部長で退職しました。

彼は一流企業の社員の時、立派な奥様と結婚して息子さんに恵まれました。その息子さんには子供の時から一生懸命に勉強させ、東京大学法学部に入学させました。彼にとっては、自慢の息子でした。息子さんは法学部を卒業後、弁護士を目指して司法試験を受けています。

ところが、毎年受験しても合格できません。そこで、友人は自宅の高層住宅の環境が悪いと考え、東京郊外の閑静な戸建て住宅を購入し、そこで息子さんに一人住まいをさせて、司法試験の勉強をさせていますが、未だに合格できません。

友人は息子さんのことで今後どうしたら良いか、数年前からよく私のところに相談に来ます。しかし私は、司法試験のことはまったくわかりません。そこで私は、東京電機大学出身の弁護士さんを二人ほど紹介しましたが、息子さんは私が紹介した弁護士事務所に行きませんでした。また、私がお会いしたいと言っても、私のところにも来ませんでした。

その息子さんは子供のときから塾に通い、入試に強くなる記憶の勉強ばかりさせられ、考える勉強をしなかったようです。また、勉強する時間が少なくなることを恐れて、ご両親は息子さんに同級生と遊ばせなかったようです。

私は、この教育方法が間違っていたのではないかと思います。同級生とたまには喧嘩しても、和気あいあいと生活することによって前頭前野の脳細胞も育つと考えます。

六　前頭前野の脳細胞を育てることも忘れないで欲しい

小学生のときから塾に通って入学試験に打ち勝つ生徒となり、一流学校に進学され、卒業された後、周りの期待に沿えず、肩身が狭い生活を送っている方を多数知っています。それは、社会人になるまでにご自分の前頭前野の脳細胞を十分に育てることができなかったからです。

一方、受験勉強を一生懸命に頑張って、一流学校に入学した後、スポーツクラブなどに入り、クラブ活動を通じて友人と良い人間関係を築き、社会で大活躍している方も多数います。この人たちはご自分の前頭前野の脳細胞を育てた「本当の秀才」です。

子供時代には塾に通って入試対策をすることも必要でしょうが、同級生たちと楽しく過ごし、ご自分の前頭前野の脳細胞を育てることも非常に大切であることを忘れないようにしてください。

この章でご紹介した東京工業大学元学長の伊賀健一先生は子供のときから勉強が好きだったそうですが、それだけでなく応援団長を買って出たり、音楽に夢中になり、それらの活動を通じて前頭前野の脳細胞を鍛えておいでになったようです。

もう一人の建築家の安藤忠雄先生は、子供のときには勉強が大嫌いで、高等学校に進学する気持ちはまったくありませんでしたが、祖母の強い勧めで大阪府立の工業高校に進学しています。しかし、父代わりの祖父の死亡で生活費に困り、ボクシングの選手となり、お金を稼いでいます。工業高校卒業後、祖母の勧めでボクシングで稼いだお金を使って長期間ヨーロッパを旅行して、独学で建築を勉強しています。

この独学の課程でご自分の前頭前野の脳細胞を鍛えたと考えられます。

勉強が嫌いで劣等感を持って生活している若い方には、この章でご紹介した二人の大先生の生き方を学び、将来に大きな夢を抱いて頑張ってほしいと私は願っています。

第五章　脳の構造や活動を計測できる医療機器

従来、脳の活動や病気を診断するには、レントゲン写真または脳波計による計測方法しかありませんでした。ところが、昭和48年（１９７３）にX線ＣＴが開発されてから、ＭＲＩ、ＰＥＴ、光トポグラフィー、脳磁計などの新しい脳の計測装置が次々と生み出されました。
この章では、脳計測装置について詳しくご紹介します。

一　脳は0.1ボルトの電圧で働いています

脳に限らず、人間の身体は約0.1ボルトの電気信号で働いています。私たちが考えたり、手足を動かすのも、この電気信号が行っています。つまり、脳で発生した電気信号が神経を通じて手足に伝わり、手足を自由に動かすことができています。身体を動かせるための0.1ボルトは、神経細胞の内液にあるカリウムイオンと神経細胞の外液にあるナトリウムイオンの濃度によって発生します。

医者の資格を持っていない者が病気の診断や治療を行うことは、法律で禁止されています。しかし、脳内の電気信号の発生や伝達の研究は、医者よりも電気工学者が向いていると私は思っています。

二　人間の身体から磁界が発生しています

昭和50年（１９７５）から2年間、私は米国のマサチューセッツ工科大学（ＭＩＴ）に留学し、人体から発生する微弱な磁界を計測する研究を行ってきました。帰国後は、労働者の肺から発生する磁界を計測する研究を行いました。私は、肺に溜まっている粉塵量を計測できる装置を開発し、延べ５０００人以上の労働者を計測しました。また、脳から発生する微弱な磁界の計測装置も開発し、それを用いた脳機能の解明の研究も行ってきました。

肺に入った粉塵の中には磁性物質もあります。肺から発生する磁界は、この磁性物質を磁化させて発生させたものです。

電気理論においては、電流が流れると必ず磁界が発生するとされています。脳から発生する磁界は、脳神経細胞が生み出す0.1ボルトの電圧によって脳神経周辺に電流を発生させます。この脳神経周辺を流れる電流は非常にわずかであるため、脳から発生する磁界も地磁気の１億分の１程度と非常に微弱です。

三　脳の働きを計測する脳波計

人間の脳神経が約0.1ボルトの電圧によって活動していることは、ずっと以前から解明されていました。この活動電圧を計測する装置が、脳波計です。この装置の開発の歴史は大変古く、昭和４年（１９２９）に世界で最初の脳波計がドイツ人医師 Hans Berger によって開発されています。我が国では、昭和26年（１９５１）に東京大学工学部阪本捷房研究室の指導で昭和58年（１９８３）まであった、三栄測器株式会社が製作しました。現在では数社の医療機器メーカーが発売しています。

現在の脳波計は動作も安定しており、価格も脳の計測装置の中では安価です。現在にわたって広く普及され、特に、臓器移植法に基づく脳死の判定にはなくてはならない装置です。しかし、脳波計は脳内で発生した微弱な電圧を、電気を通しにくい頭蓋骨の上から計測するので、脳内での電圧の発生源、すなわち活動部位を特定するのが困難といった問題点もあります。

四　昔の脳診断の名医の条件とは

世間でよく耳にする脳卒中という病気は、脳細胞の一部が破壊され、手足や言葉が不自由になる病気です。その原因は、脳の中で血管が詰まる病気すなわち脳梗塞によるものと、脳内の血管が裂けて出血して起こる脳出血によるものに分けられます。脳梗塞の場合は、血流を良くする薬を投与しなくてはなりません。一方、脳出血の場合には出血を止める薬を投与しなくてはなりません。このように、両者は治療方法がまったく逆になります。そのため、脳の診断ができる名医とは、脳卒中を発症した際、脳出血か脳梗塞であるかを診断できる医師のことを指していました。

　しかし現在では、次に記す脳の計測装置が実用化され、大学を終了したばかりの医者であっても脳出血と脳梗塞の区別が簡単にできるようになりました。そのうえ、脳のいろいろな機能の解明についての研究が大きく前進しています。

　以下、近年開発された脳の計測・診断装置について簡単に説明します。

五　CT（コンピュータ断層撮影：Computed　Tomography）

　人体を傷をつけることなく病気を診断する技術は、明治28年（１８９５）にドイツのＷ・Ｃ・レントゲンによって発見されたＸ線によって初めて実現しました。しかし、Ｘ線写真は一方向からの透過した像であり、細かい組織を区別して見ることはできませんでした。そこで、昭和42年（１９６７）に英国のＥＭＩという会社の技術者であるハンスフィールド（Hounsfield）は、脳の周りを回転しながら放射線を脳に当て、そのＸ線の透過像をコンピュータで計算し、脳内を横方向に輪切りにして、脳内の各組織を平面的に表示する方法を提案しました。そして、昭和48年（１９７３）に製品化され、脳計測用のＸ線ＣＴ装置として発売しました。その結果、脳の診断技術は格段に進歩し、脳出血か脳梗塞かの診断が容易にできるようになりました。

　しかし、右記の検査では脳が多量の放射線を浴びてしまうため、常時使用することは危険です。ただ、交通事故で頭部に損傷を受けた際には、直ちに脳内の様子を検査する必要があります。その他の脳の病気の診断にも比較的簡単に使用できるので、常時使われています。正式名称はX線CTですが、病院などではX線を怖がる患者に考慮し、簡単にCTと呼んでいます。

六　MRI（磁気共鳴映像法）

MRIは従来、NMR（核磁気共鳴：Nuclear Magnetic Resonance）装置と呼ばれていました。NMRは、化合物の分子構造や物性の解析を行うことのできる装置で、材料科学などで使用されてきました。

X線では人体の柔らかい組織の識別が難しく、放射線被曝の問題もあるため、診断の不確定や人体の危険性が問題視されていました。そこで、より安全に人体の組織画像を得るため、NMRを人体計測用に活用する方法が昭和45年（1970）に米国のラウターバー(Lauterbur）らによって提案されました。

脳計測用NMRの原理はかなり難しいですが、簡単に言えば、脳に非常に強い磁界を加えて脳から高周波の電気信号を発生させ、計測した信号をコンピュータで計算し、脳内の各組織を様々な方向から輪切りにして平面的に見る装置です。

日本でも脳計測用のNMRの研究が活発に行われており、昭和58年（1983）には世界初の臨床用のＮＭＲが日本の病院に設置されました。当初は病院でもＮＭＲ室（核磁気共鳴室）を設けていましたが、患者の気持ちを考慮して核を表すＮを除き、現在ではＭＲＩ（磁気共鳴映像）として使われています。

私はそのころ、肺磁界計測装置を開発中でしたが、この装置では肺に約50ミリテスラ（500ガウス）を加える必要があることから、人体への影響を大変心配していました。それを上回るように、脳計測用ＭＲＩでは地磁気の10万倍に相当する3テスラ（3万ガウス）の磁界すなわち、肺磁界計測装置で使う磁界の80倍の強力な磁界を脳に加えることを知り、私はさらに心配になりました。しかし、現在まで大きな問題は生じておらず、幼児の脳研究においてもＭＲＩが使用されています。

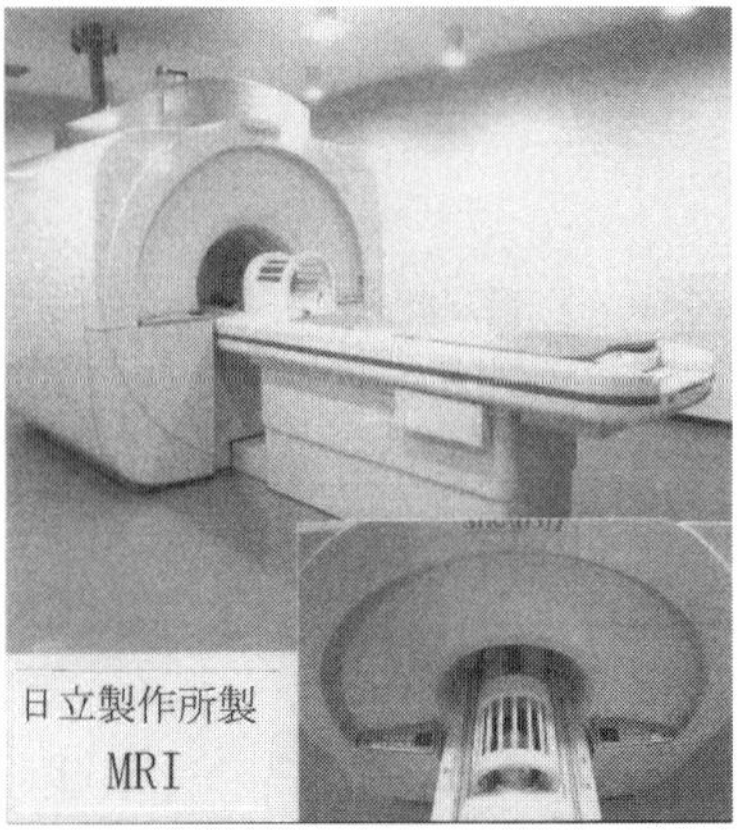

（写真５－１）　東京電機大学に設置されているMRI

ＭＲＩが改良され、血流が計測できるｆＭＲＩ（機能的ＭＲＩ）が開発されて以降、脳機能の研究にｆＭＲＩが非常に多く使用されるようになりました。

脳のエネルギー源はブドウ糖ですが、脳内にはブドウ糖を貯める場所がありません。そこで、必要なブドウ糖は肝臓から血液によって脳に運ばれてきます。そのため、ｆＭＲＩは脳が活動している部位に血液が集まる性質を利用して、脳内の血流を計測することによって、脳の活動部位を特定することができます。

東京電機大学には、（写真5—1）に示す日立製作所製のＭＲＩが設置されています。このＭＲＩはｆＭＲＩとしても使用できます。ＭＲＩの外観はＸ線ＣＴやＰＥＴの外観とあまり変わりません。

七　PET (Positron Emission Tomography)

ＰＥＴとは、脳内に陽電子を注入し、それが陰電子と結合して消滅する際に発生する放射線量を計測して脳内の活動を計測するものです。昭和49年（１９７４）に米国で開発されました。日本では昭和54年（１９７９）に放射線医学研究所に設置されましたが、陽電子を作る装置に莫大な設備費を必要としたため、それほど普及しませんでした。しかし最近、人体各部の癌組織の検出が可能であることがわかり、普及しつつあります。外観はＸ線ＣＴやＭＲＩと同じような形をしています。

現在、認知症患者の70％はアルツハイマー型です。これは脳の中にアミロイドβというたんぱく質が溜まり、正常な脳細胞を破壊するからです。令和5年（２０２３）にこのアミロイドβを取り除く新薬が発明されました。そのため、ＰＥＴは脳に蓄積しているアミロイドβの量を計測する装置として、今後大いに活用されることになります。

八　光トポグラフィー

光トポグラフィーとは、頭皮上から頭内に弱い光を当て、脳からの反射光を計測して脳内の血流量を計測する装置です。NIRSとも呼ばれます。前述した4つの装置と光トポグラフィーを比較すると、前者は大変高価であり、そのうえ、一度設置した後の移動が困難です。それに対して、光トポグラフィーは容易に移動させることができ、価格も前述の装置の2割程度であることから、現在、脳の活動部位を特定できる装置として幅広く利用されています。特に、乳幼児の脳機能の計測において威力を発揮しています。東京電機大学にも数台設置されており、私も脳活動の計測のために使用しています。

九　脳磁計

脳内に約0.1ボルトの活動電圧が発生すると、脳内に電流が流れます。電流が流れると必ず磁界が発生します。脳から発生するこの微弱な磁界を計測して、脳の診断や脳機能を解明する装置が脳磁計です。脳磁計の測定では頭蓋骨の影響をまったく受けないので、脳の活動部位を特定するのに優れています。例えると、脳波計は頭蓋骨という曇りガラスを通して脳内を見ているのに対して、脳磁計は透明なガラスを通して脳内を見ているようなものです。

脳波計と脳磁計の大きな特徴は、前述の5つの装置では計測できない1秒以下という短時間の単位で脳の活動が計測できるということです。人間の脳は多くの事柄を1秒以内に処理・判断して、行動を起こしています。脳磁計を使用すると、0・01秒ごとに脳のどの部位が活動しているかを計測できます。

脳波計は電気を通しにくい頭蓋骨の上から脳の電気活動を計測するので、信号が小さくなり、電気が活動している場所を見つけるのが困難です。それに対して、脳磁計は電気の活動源から発生する磁界を頭蓋骨の影響をまったく受けずに測定できるので、活動源を見つけるのに適しています。例えば、てんかん発作とは脳細胞の電気的に弱い部分が何かの衝撃で最初に興奮して、約0.1ボルトの電圧を発生し、この電圧が脳全体に広がっていく病気です。脳磁計を使うと、最初の発生場所を容易に見つけることができます。

第六章　脳はどのような方法で記憶しているか

脳がどのような方法で記憶しているかは、現在のところはっきり分かっていません。脳細胞が隣の脳細胞と接続するところにシナプスがあります。多くの脳科学者は、多数のシナプスがいろいろな組み合わせの結合方法で記憶していると考えています。

人間の脳には仕事の分担があります。近年、脳活動を計測できる様々な装置が開発されました。これらの計測装置を使って計測した結果、脳細胞の中の前頭前野の脳細胞が人間にとって最も大切であることが分かりました。

前頭前野の脳細胞が発育している方は、多少学校の成績が悪くても、さらには大学を卒業していなくても社会で活躍できる方が多いです。

皆さんの将来の夢が実現するように、ぜひこの章をじっくりと読んでみてください。

一　コンピュータの記憶回路

脳がどのような方法で記憶しているのか、そのメカニズムはまだはっきりしていません。20年ほど前に、（図6―1）に示す神経繊維の先端部にあるシナプスで記憶しているという確証の高い論文も発表されましたが、未だに解明には至っていません。

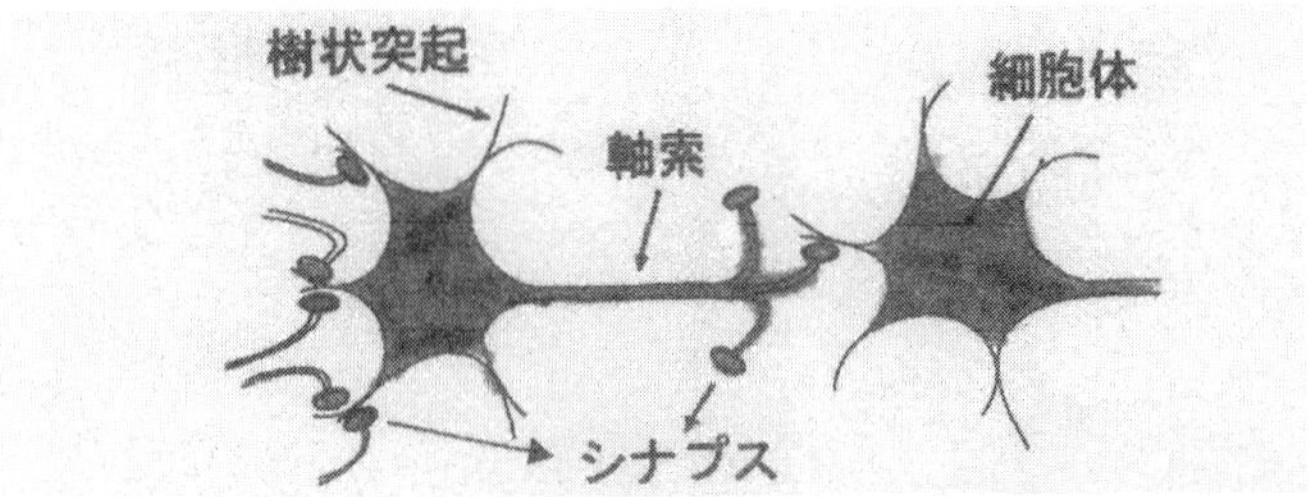

（図６－１）　神経細胞のシナプス

そこで、脳の記憶方法を検討する前に、コンピュータの記憶回路について検討してみましょう。私たちは普段10進数を使って計算しているので、0、1、2、……8、9の数値が必要です。ところが、コンピュータは2進数で計算しているので、必要な数値は「0」か「1」です。よって、そこで記憶している数値も「0」か「1」のみです。

（図6―2）は、コンピュータの記憶回路の原理を示す回路図です。まず、図の左側だけに注目してください。スイッチS_1が開いていて、スイッチS_2とS_3が閉じていると、出力端子1には電源電圧の1ボルトが発生します。ここでは、開いている状態をオフ、閉じている状態をオンと呼ぶことにします。

次に図の右側を見てください。スイッチT_1がオンで、スイッチT_2がオフ、スイッチT_3がオンになっています。出力端子2は電源に接続されていませんが、アース点とは接続されており、出力端子2には0ボルトが生じます。

スイッチをこのままの状態にしておくと、出力端子1には「1」が記憶されており、出力端子2には「0」が記憶されています。

ところで、回路のスイッチS_3とT_3は閉じたままで何もしていませんが、実は、出力端子1の数値を「1」から「0」にする場合、オン状態のS_2をオフにする必要があります。その時、一瞬ですがS_2に電流が流れます。この電流は電池を消費するだけの無駄な電流です。それを防止するために、出力を「1」から「0」に切り替える前にS_3とT_3をオフにする必要があります。

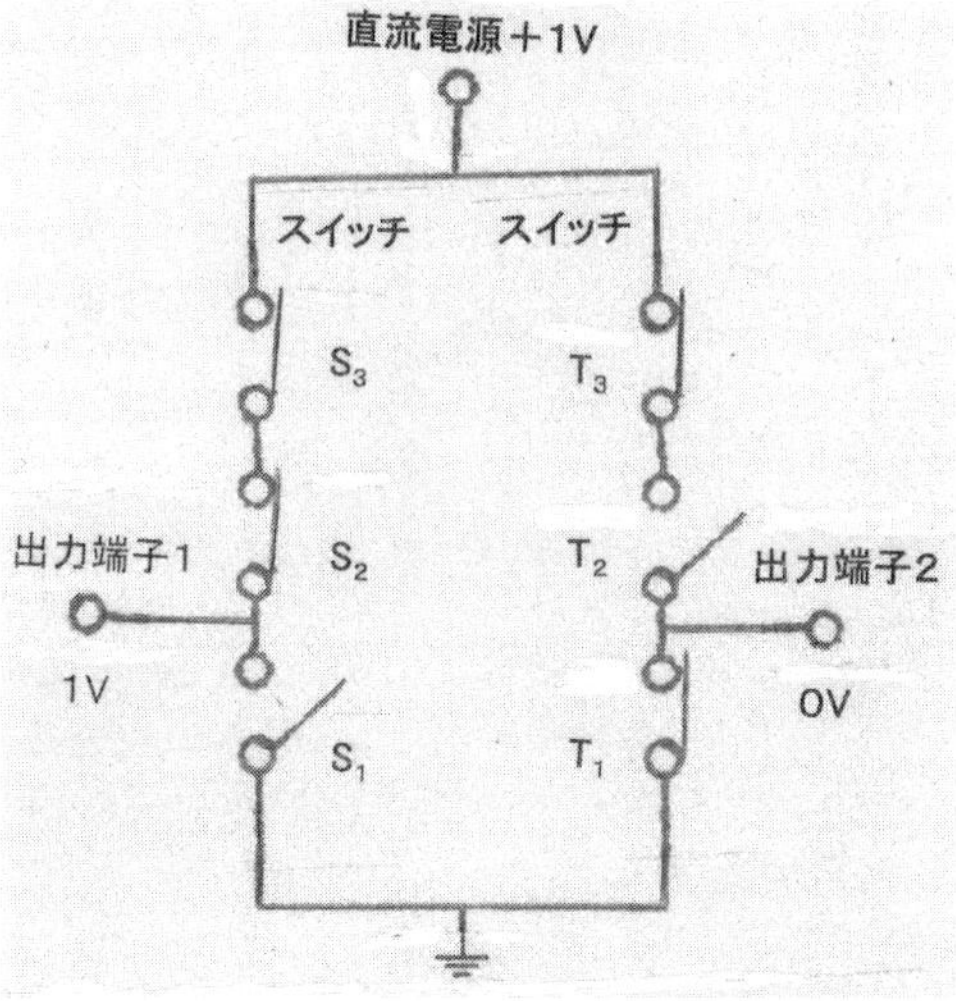

（図６－２）コンピュータの記憶回路の原理図

実際の回路では、スイッチは一般のトランジスタ（TR）か電界効果トランジスタ（FET）を使って行います。しかも、右側のスイッチ回路と左側のスイッチ回路は独立ではなく、TRやFETを使ったフリップ・フロップ回路と呼ばれる回路であり、コンピュータの回路では大変有名な回路です。

私がちょうど博士論文がまとまらずに悩んでいた当時、FETが世に出てきました。そこで、TRの代わりにFETで置き替えた記憶回路を提案し、回路の動作スピード

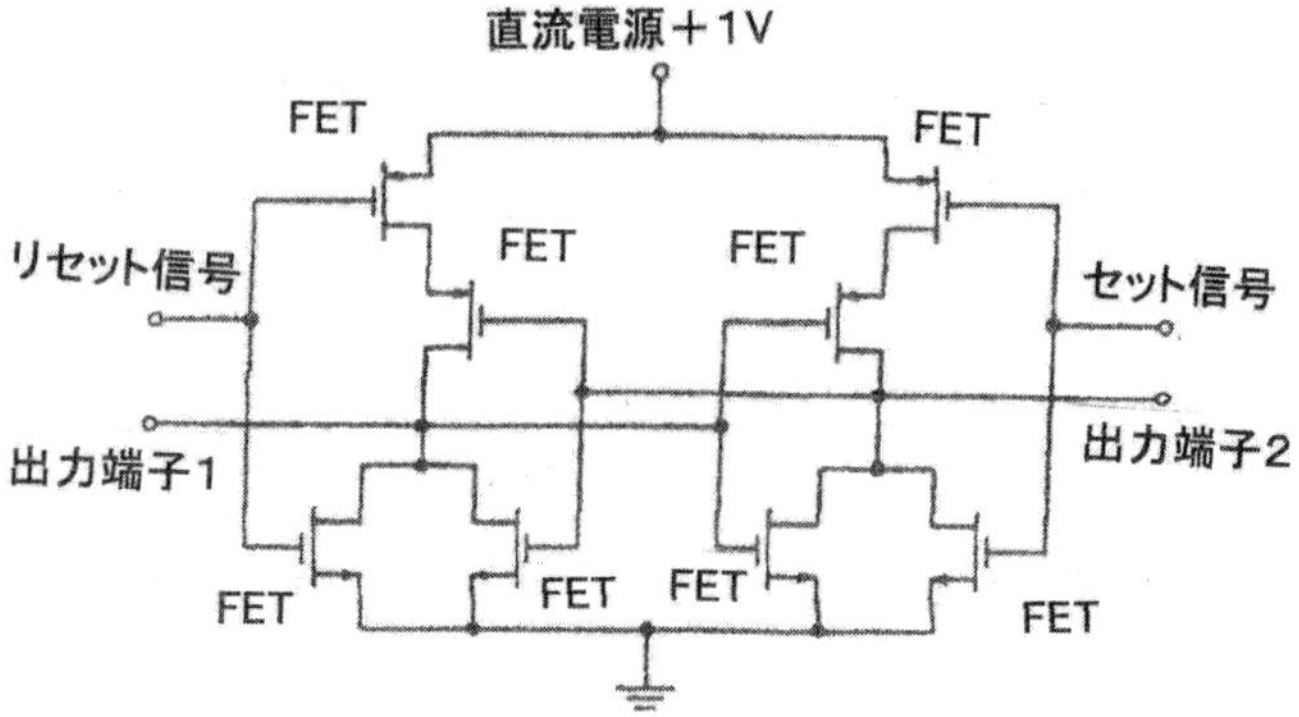

（図６－３）　FETを用いたフリップ・フロップ回路

や電力消費量を解析しました。そして、その結果を日本と米国の学会誌に投稿したところ、論文としても掲載され、工学博士の学位を得ることができました。

これらのスイッチをＦＥＴに置き替えた回路が、（図６―３）に示すコンピュータの記憶の基本回路のフリップ・フロップ回路です。

一般のトランジスタ（ＴＲ）は立体的に作られています。それに対して、電界効果トランジスタ（ＦＥＴ）は平面構造になっています。そのため、ＦＥＴは製作が容易であり、非常に小型にすることができます。

記憶の基本回路であるＦＥＴフリップ・フロップ回路は大量に製作することが可能であり、さらにそれらの回路を接続する導線も簡単にできることから、今後大いに発展すると私は思いました。特に、今後大企業が参入するだろうと思っていた私は、ＦＥＴのメモリー回路の研究から手を引きました。

二　写真や絵画の記憶方法

しばらく写真は、印画紙に現像して保存する方法が使われると私は思っていました。しかし、現在ではＦＥＴを使ったメモリー回路で保存する時代になりました。

次に、写真の記憶方法について説明します。一枚の写真は点の集合体と考えます。この点を画素と呼んでいます。１画素の明るさと色を記憶する電子回路を作るにはＦＥＴを１００個ほど必要とします。

現在使用されているスマホの写真の画像数は、１００万画素から高級な１２００万画素に及ぶ製品があります。

例えば、１０００万画素の写真は、１０００万個のドットで画像が構成されます。

したがって、１０００万画素の写真を記憶するには、１０００万画素×１００個となり、10億個のＦＥＴが必要になります。

幸いにも、ＦＥＴは従来のトランジスタと異なり、小型にするのが容易です。わずか１センチ四方の半導体に１０００億個のＦＥＴを製作するのも容易になりました。60年前までは写真の記憶は現像するしか方法がないと思われていましたが、現在ではＦＥＴを使った電子回路を使って容易に記憶することができるようになりました。

三　脳の中ではシナプスの結合により記憶していると考えられています

脳の中では、1個のシナプスが1個のFETの働きをして、回路網として記憶システムを構成していると考えられています。

ソニーが、トランジスタラジオを世界で最初に発売した当時、使用していたトランジスタ（TR）はわずか4個でした。現在、デジタルカメラで1枚の写真を記憶する際は、先に述べた10億個ほどの超小型のFET素子を使っています。脳の中でも、数万から数億個のシナプスが同時に働いて、様々なことを記憶していると考えられています。そのため、脳の記憶システムの解明のためには、コンピュータの記憶回路網が理解できる電子工学の技術者が必要なのです。

スマホなどで使用されている記憶回路は、基本回路であるフリップ・フロップ回路を多数接続して構成されたものです。ところが、記憶回路を専門とする電子工学の技術者であっても、10億個の超小型のFET素子から構成されている写真の記憶回路を見ても全体の回路構想を解明することは不可能だと思われます。

電子記憶回路において、FETは電気をよく通す「オン」の状態か電気を通さない「オフ」の状態かを維持して記憶しています。脳の中でも同じように、「オン」の状態か「オフ」の状態かを維持するシナプスがあることがわかっています。そのため、脳の中でもシナプスの組み合わせで作られた電子記憶回路のようなものがあるのではないかと考えられています。

しかし、電子記憶回路におけるフリップ・フロップ回路のような基本回路が、シナプスによる結合回路でまだ見つかっていないため、未だに脳の記憶のしくみは解明されていません。

四　脳の長期記憶・短期記憶・作業記憶の違い

外から脳に入ってきた大部分の情報は、脳の感覚器から前頭前野にあるワーキングメモリ（作業記憶）に送られます。ワーキングメモリの容量は少ないので、記憶量も少なく、記憶している時間も数10分程度であると言われています。そのため、必要であると判断された情報は脳の中心部にある海馬に送られます。海馬には、数日間記憶できる短期間記憶という場所があり、そこで情報を整理し、長期間記憶する必要がある情報は大脳皮質にある長期記憶できる場所に送られます。なお脳の感覚器より直接海馬に送られてくる情報もあります。

現在にわたり、これがどのような方法で行われているかを示す科学的な根拠はまだ解明されていません。しかし、前記は病気で海馬の働きが悪くなった患者の記憶状況から推定されています。

短期記憶や長期記憶は記憶を担当するシナプスの特性の違いによるものだと私は思っています。コンピュータやスマホの記憶回路には一度記憶された内容を一瞬にして消去できる装置が付いていますが、脳の記憶回路にはそれが付いていません。脳の長期記憶を担当するシナプスは、一度「オン」状態になれば、いつまでもオンの状態を保つことができるシナプス

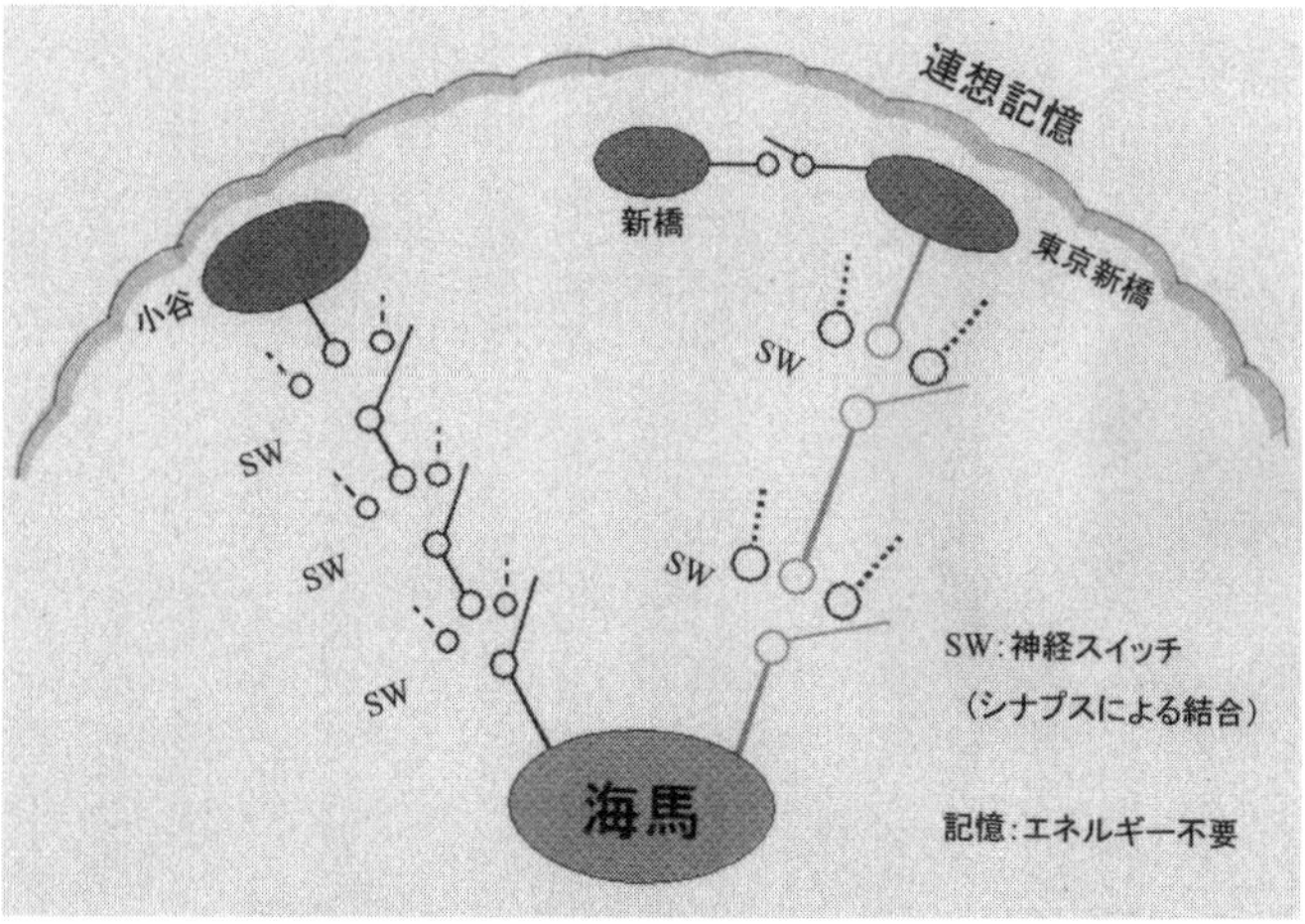

（図６－４） 脳の記憶のシステム

だと考えられます。一方、短期記憶を担当するシナプスは一度「オン」状態になっても、数日後には自然にオフの状態になるシナプスだと考えられます。

五 記憶に関係する海馬とは

脳がある現象を記憶する場合、脳の中心部にある海馬という場所で整理され、その情報を大脳皮質のある特定の場所まで運んで記憶していることは間違いありません。（図６―４）に示すように、海馬からその記憶場所までの神経細胞でできた伝導路は常時接続されているのではなく、必要に応じて神経軸索の先端部のシナプスが隣の細胞に接合することによって接続されるのです。例えば、誰かの顔を見てその人の名前を思い出すためには、神経シナプスでできたいくつかのスイッチが入らなくてはなりません。

もう少しで名前を思い出せるところまで到達していながら、最終的なスイッチが入らず、名前を思い出せないことも多々あります。日ごろから繰り返し訓練していると、神経のスイッチも錆びつかず、すぐ思い出せるようになります。

六　記憶力を育てる方法

何事も神経を集中させて記憶すると、多くの神経回路網に記憶され、忘れることが少なくなり、記憶した情報を取り出すのも容易になります。すなわち、記憶力が良くなります。また、何かに関連づけて記憶する方法もあります。

記憶は、その情報の質によって大脳皮質のいろいろな場所の連合野に記憶されると考えられます。例えば、以下のものがあります。

①耳からの情報は聴覚連合野に記憶されます。
②目からの情報は視覚連合野に記憶されます。
③文字に書くと運動連合野に記憶されます。
④声に出すと言語連合野に記憶されます。

つまり、人の名前などを覚えるときには、名前を聞くだけでなく、文字として書き出し、声に出して記憶すると忘れにくくなります。

物事を脳細胞に記憶するだけであれば、ほとんどエネルギーを必要としません。したがって、多くの情報を記憶していても、頭が重く疲れることはありません。

七　大切なことは身体で覚えましょう

ある人の顔は知っていても名前が思い出せないことがあります。それは、先に述べたように名前は脳細胞の一、二ヵ所で記憶しているからです。車の運転や自転車の乗り方、スキーやスケートの滑り方などといった身体を通じての記憶は、小脳を中心とした大脳皮質の多くの場所で記憶されているため、忘れにくいのです。よって、絶対に記憶したいことや瞬時に判断を要することは身体で覚える必要があります。

世の中では昔から「大切なことは身体で覚えよ」と教えられています。例えば、仏教の世界では、2000年近く前から大切なことは身体で覚えるという意味を表す「体解」という言葉があります。これは、仏教の教えを人前で声を出して繰り返し説明することによって、この教えが身体に染み込み、絶対に忘れなくなるという意味です。

第七章　社会で活躍するために必要な教育

江戸時代の寺小屋教育とは、現在の小学生程度の子供に中国古典の論語などを暗唱させる教育で、教育者の中には、内容が理解できず無意味な教育だったと話す者もいます。

一方、この暗唱させる教育こそ、人間にとって最も大切な、前頭前野の脳細胞を育てる良い教育だったと話す脳科学者もいます。その証拠として、寺小屋で学んだ少年たちが後に大活躍しています。

現在の記憶力を育て、入学試験に強くなる教育に私は疑問を持っています。現在の教育について行けず引きこもりになったり、一流大学を卒業しても社会で仕事ができず、高齢者の両親に頼り、生活保護を受けている方もいます。

この章では、どのような教育が良いかについて、私の考えをお話しします。

一　早期教育の利点と問題点

(1) スポーツ選手や音楽家になるためには早期教育が重要

早期教育は、胎児のときから育ち始める脳内の運動野、感覚野、聴覚野などを刺激し、その分野の脳細胞の発育を促します。そのため、子供を世界に通じるスポーツ選手や音楽家に育てるには、早期教育が大変重要です。しかし、前頭前野が育ち始める幼少期のころから、スポーツ、音楽演奏、英会話等の教育に力を入れ過ぎると、肝心の前頭前野の発育が遅れる可能性があります。その結果、社会で活躍できる人物になるのが困難となる場合もあります。

（2）幅広く脳を育てる教育が大切

世界に通用するスポーツ選手や音楽家になることを夢見て早期教育をしても、それで生活できる人は数万人に一人程度であると言われています。そのため、世界的なスポーツ選手や音楽演奏者に育てるための早期教育は一つの大きな賭けとなります。やはり、幅広く脳細胞を育てる教育をした方が無難です。

二　過保護がはばむ感性の発達

（1）子供を甘えさせる習慣は禁物

「可愛い子には旅をさせよ」ということわざがありますが、脳科学の世界でもまったく同じことが言えます。脳を正常に発育させるためには、幼少期に自然環境からの刺激を充分に取り込ませることと、親子の強い絆と励ましが必要です。しかし、子供をあまりにかわいがるのは問題です。

例えば、十数年前の研究によると、少年少女が非行に走る原因の60％は、幼児期の両親あるいは祖父母による溺愛であるという統計結果が示されています。

（2）長所を誉めて才能を伸ばそう

だからと言って、子供を叱りつけているのも問題です。叱ると子供の脳が萎縮してしまいます。最新の脳計測機であるＭＲＩを使った研究によると、頻繁に体罰を受けながら育った子供の前頭前野では、体罰を受けていない子供に比べて脳細胞が小さくなっているという驚くべきことが分かっています。

良いことをすれば褒め、悪いことをすれば叱るという習慣が大切です。かつては、叱って反発心を期待する教育法もありましたが、最近の子供達は恵まれた環境で育っているため、反発心を期待することはできません。そのため、子供達の長所を伸ばすような教育が大切であると私は思っています。

三　学校の成績と社会での成功は異なる

学校の成績に一喜一憂する親御さんがいますが、学校の成績にはその人の持っている能力の半分程度しか現れません。世の中には、学校時代はあまり成績が良くなかったけれど、社会に出てから成功する人々が多数います。それは、脳の育て方や使い方が異なるからです。学校の成績は主に記憶力に依存しますが、社会で成功するには判断力、決断力、実行力、勇気などの総合能力が必要です。この総合能力を育てるためには、若いときから前頭前野の脳細胞を育てていくことが大切です。

脳細胞は次のように成長します。

①学校の成績に関係する記憶力は20歳過ぎにピークを迎え、それから徐々に衰えてきます。

②新しい現象を発明する能力や素晴らしいアイデアを出す能力は30歳過ぎにピークを迎え、その後ゆっくりと減少します。

③総合能力は全ての脳細胞をバランスよく育てる必要があり、成長もゆっくりです。しかし、脳細胞が死滅し始める40歳になってもまだ成長しています。使っている細胞は死滅しないという人間の細胞の原則に従い、指導者や会社経営者はいつも多くの脳細胞を使っていますので、彼らは80歳くらいまで仕事を続けることができます。

四　家具・インテリア販売の大手企業の似鳥会長と子供たちの対談

似鳥昭雄会長が、平成17年（２００５）３月に似鳥国際奨学財団を設立された時、私は理事に就任しました。理事会はいつも札幌で開催され、私は毎回の理事会に出席していました。理事会の後はホテルで夕食会があり、長時間懇談する時間がありました。

そのような関係で、朝日新聞令和３年（２０２１）11月23日朝刊の「教育」欄に掲載された似鳥会長に関する記事を見つけたとき、私は大きな関心を持って拝見しました。

（1）若者の教育に強い関心をもつ似鳥昭雄会長

似鳥会長は、令和３年（２０２１）11月14日に東京大学先端科学技術研究センターで子どもたちとの対談を行いました。

その対談で似鳥会長は、ご自身は子供のときには記憶力が弱く、忘れ物も多くて、学校の成績も5点満点の通知表は「1」ばかりだったことなどを明かしていました。似鳥会長は、子供のときに母親に「人の考えないことをしろ」と言われ、考え続けた結果、今があると思っています。

また、似鳥会長は「学校で生きづらさを感じている子どもたちの未来を開くには、得意なところを伸ばせばいい。アイデアを出して訓練すれば成功する。私も学校をつくりたい」と語ったようです。

私はそのお話を聞き、似鳥会長がつくりたいと考えている学校について想像しました。ある程度の推測はできますが間違っているといけないので、それには触れませんが、以下私が理想とする学校について述べさせていただきます。

現在の学力試験は限られた時間の中で解答する必要性があるため、思考力を評価するより記憶力を評価しているようなものであると私は思っています。そのため、学校でも入学試験に強い記憶力を育てる教育が主流になっています。確かに、大量の生徒を限られた時間で評価するには、今の入学試験の方法しかないように思います。

そこで似鳥会長には、学生数もあまり多くせず、入試には時間をかけて行い、思考能力があり将来伸びる可能性がある生徒を採用し、一人ひとりが持つ能力を育てる教育ができる学校を創っていただきたいと陰ながら思っています。

五　似鳥国際奨学財団での思い出

先ほど述べたように、似鳥国際奨学財団が設立された際、私は理事に就任しました。理事会はいつも札幌市内で開催されていたので、私は東京から飛行機で行き、毎回出席しました。理事会では、事務局で用意された資料について審議することになっていました。しかし、完璧な資料であり、問題点はほとんどなかったので、予定の時間内に終了しました。

（1）楽しかった理事会の後のホテルでの夕食会

理事会の後はホテルで夕食会があり、長時間懇談する楽しい時間を過ごしました。似鳥会長が主に会話の中心となり、私はアルコールをご馳走になりながら黙って聞いていました。時々質問されると、脳細胞の発育など脳科学についての話をしました。

もしこのころ私が、似鳥理事長は記憶力が弱く、通知表は「1」ばかりで忘れ物も多かったことなどを知っていたら、私と共通点が多く話が弾み、私は毎回の夕食会でリラックスして話ができただろうと思いました。当時、似鳥会長の前で私は小さくなっていました。

（2）大型ヨットを借り切って東京湾周辺を回遊した思い出

似鳥国際奨学財団の行事の中で、特に楽しかった思い出があります。それは、平成17年（2005）10月に奨学生全員と役員全員が招かれて、大型ヨットで東京湾周辺を回遊するという3時間の楽しい海の旅でした。参加者の中には、北海道選出の町村信孝衆議院議員もいることを事前にお聞きしていました。当時、町村氏は現職の外務大臣をされていたので、長時間拘束されるヨットには乗らないだろうと私は思っていました。しかし、ヨットが出航する20分前、町村外務大臣は似鳥理事長をはじめ、役員が待っている部屋に入ってきました。

出航を待つ部屋の中で、町村外務大臣は似鳥理事長と大変親しい間柄のような会話をされていました。後でわかったのですが、お二人は年齢も同じでした。いよいよ出航時間になりました。私は、町村外務大臣は乗船せず、皆さんを送った後に帰られると思っていたので、乗船されたことに驚きました。ヨットの中では、アジア各国からの留学生といろいろなお話をされていました。奨学生との話も一段落したころ、私は町村大臣に話しかけ、厚かましくも名刺交換をさせていただきました。

私は、主賓の町村大臣を独り占めしていては皆様に申し訳ないと思い、町村大臣と少しお話しした後は、ヨットの食堂に行きました。広い食堂には、寿司のコーナーがありました。そこに行くと、一人でお寿司を食べている方がいました。

よく見ると、当時テレビでよく紹介されていた、エジプト考古学者の早稲田大学教授の吉村作治先生であることに気がつきました。私は寿司を持って吉村先生の前に座り、話しかけました。吉村先生は財団の役員ではありませんが、似鳥理事長と懇意にしているため、ご招待されたとのことでした。一緒にお食事をしながら、吉村先生からエジプト考古学についてのお話を聞かせていただきました。

このヨットの旅では、著名な町村大臣と有名な吉村教授と親しくお話ができ、大変貴重な時間を過ごすことができました。残念ながら、その後町村大臣は脳梗塞により70歳の若さで逝去されています。町村大臣はその業績とお人柄から、将来は日本の総理大臣になられる議員さんだと思っていましたので、誠に残念です。

吉村教授は財団の役員でないため、その後お会いする機会はありませんでしたが、現在は福島県にある東日本国際大学総長として活躍されています。

(3) 初めての三陸海岸の見学

私は中学時代に授業で習った三陸海岸のリアス式海岸に、ずっと興味を持っていました。いつも似鳥国際奨学財団の理事会に出席する際は翌日に飛行機で帰っていましたが、ある時、リアス式海岸を見学に行く決心をしました。平成19年（2007）2月11日の理事会の翌朝、私は札幌駅から特急列車に乗り、途中で列車を乗り換えて八戸駅に午後4時ごろ着きました。生まれて初めて八戸駅を降りて市内を散策した後、小奇麗な食堂に入り、一人で楽しく夕食を取りました。この日の宿は久慈駅の近くのビジネスホテルを予約していたので、久慈駅までは八戸線の各駅停車の列車でのんびりと行きました。

翌朝、久慈駅からバスに乗り、「みやこ浄土ヶ浜遊覧船乗り場」まで行きました。遊覧船に乗って20分程すると、カモメが船の周りをぐるぐると周り始めるのが見え、これがテレビでよく見る光景だと思いました。
その後、遊覧船を降り、歩いて浄土ヶ浜海岸まで行き、陸からも見学することができました。

この日は、大船渡のホテル福富を予約していたので、久慈駅から三陸鉄道リアス線に乗って、美しいリアス式海岸の写真を撮りながら大船渡駅まで行きました。私はいつも夜にインターネットを使って仕事をする習慣があるので、予約していたホテル福富に着いてすぐ、フロントにインターネットが使えるか尋ねました。すると、使えないとのことだったので、双方のホテルが懇意にしているすぐ近くの旅館海風苑を紹介していただきました。

田舎風な2階建ての旅館でしたが、料理は何でも作りますとのことだったので、大船渡で捕れた魚を中心とした特別料理をお願いしました。その日の私の夕食は少し遅かったので、一人でビールを飲みながら美味しいご馳走をいただきました。

翌日はとうとう東京の自宅に帰る日であり、ゆっくり過ごした日々が終わろうとしていました。私は再び、三陸鉄道リアス線に乗って南下しました。途中で見える素晴らしい景色の場所に来ると下車して、散策しながら帰りました。しかし石巻まで来た頃、このまま仙台まで行っていると東京に着くのが大幅に遅れてしまうことに気がつきました。そのため、私は石巻から石巻線に乗り、東北新幹線古川駅に出て東京まで帰りました。自宅に着いた後、私は大変暖かい「おもてなし」をしてくださった、旅館の方々へお礼の手紙をお送りしました。

それから、4年後の平成23年（2011）3月11日に東日本大震災が発生しました。私はすぐにインターネットで大船渡の様子を拝見しました。すると、ホテル福富の高いビルを残してすべて消滅していたのです。あんなにも親切にしてくださった旅館海風苑の皆さんは大丈夫だっただろうかと、私はとても心配でした。

それから6年経った平成29年（2017）5月5日に、東北大学で学会がありました。私は、講演と座長を任されていました。私の担当時間は午前中だったので、それを終えてから急いで仙台駅まで行き、そこから大船渡行きの特急バスに乗りました。今回もホテル福富を予約し、元々あった場所に行きましたが、ホテルは見当たらず、周りは広々とした空地になっていました。

それから歩き、元の場所から500ｍほど北に行ったところに、ホテルのような建物がポツンと一軒建っているのが見えました。行ってみると、そこがホテル福富でした。以前より入口も立派になっていました。ホテルの支配人に旅館海風苑のことを訪ねると、当時いた旅館の皆様は、津波警報を聞いた後すぐに避難して、全員無事だったそうです。現在、大船渡から20㎞離れているところで以前のように旅館とレストランを経営されているとのことで、安堵しました。

六　米国で苦労した私の英語力

私が白田川中学校3年生の時、英語、職業、農業の3科目から1科目を選択する授業がありました。多くの生徒が英語を履修していましたが、私は卒業したあとは実家の農業を継ぐことになっていたので、英語を取らずに農業を選択しました。

その後、高校と大学で英語を学びましたが、英語は大の苦手でした。米国の大学に研究者として留学することが決まり、日本で英会話を一生懸命勉強してから渡米しましたが、私の英語が通じず、苦労しました。

特に、英語の「L」と「R」の発音の区別ができませんでした。マサチューセッツ工科大学（MIT）では、私より三歳若いアメリカ人の研究者と2名で同室にいました。彼は、「L」と「R」は全く違う言葉であるのに、私が区別できないことに不思議がっていました。

そこで私は、英語の発声法について解説している本から学ぶことにしました。その本には、「L」は、舌を「上の歯のつけ根」にくっつけた状態で、声帯をふるわせて出す音です。息を舌でさえぎるようなイメージで話してください。一方、「R」は、舌を「上の歯のつけ根」に近づけ、舌を少し内側に反らせます。舌が口のどこにもくっつかない状態にした上で、声帯をふるわせて出す音です。息が舌と歯茎の間を抜けていくイメージで話してくださいと書かれていました。

しかし、この方法で発音するのは大変難しく、私は「L」と「R」の発音の区別ができず、諦めていました。

（1）「L」と「R」の発音の区別を4歳の我が娘から学びました

私たち夫婦には、小学校と幼稚園に入る3人の娘がいました。留学中、まず子供たちを学校に入学させる手続きをする必要がありました。私たち夫婦は英語に自信がなかったので、隣の家に住んでいるMITの研究者のギリシャ人夫婦に手続きのサポートをお願いしました。そして、小学校にはギリシャ人の奥様が連れて行ってくださいました。

小学校に幼稚園も併設されており、驚いたことにその場で娘たちの入学を認めてくださり、その日は子供たちを学校に残して帰りました。

幼稚園に入学した三女は、初日に色の英語名について学んで帰ってきました。そこで私は、赤色を示して、これは「レッド」と言うんだよと説明しました。すると、4歳の娘が「お父さん、違うよ。レッドではないよ。ウレッドです」と言いました。「ウ」の発音が大変強調されていました。

そこで、翌日MITに行き、同室の研究者に「light：光」はライトと発音し、「right：正しい」はウライトと発音して聞かせました。そしたら、彼から「急に英語が上手になったね」と褒められました。それ以来、Rから始まる単語には、まず「ウ」をつけることにしました。これなら発音が簡単です。一方、Lから始まる単語は日本の「ラリルレロ行」と同じ発音をしましたが、よく通じました。

MITでは、私は磁気研究所の2階にある研究室で生体磁気計測の実験をしていました。

私がMITに留学する1年前、江崎玲於奈博士はノーベル物理学賞を受賞していました。そのころ江崎博士はIBMのワトソン研究所の特別研究員でしたが、時々MITの磁気研究所の1階にある強磁場研究室で実験をしていました。私の研究室に来ていただくこともあり、時々お会いしました。江崎博士の英語名は、Leo Esakiでした。日本人ならReoと書くところをLeoとし、Rは使われていませんでした。

私は、日本で長い間英語を習ってきましたが、Rのついた英単語には、まず「ウ」をつけて発音しなさいと言われたことはありませんでした。専門的には問題があるのかも知れませんが、米国では「ウ」をつけて発音すると問題なく通じました。そこで、日本人の専門家にお聞きしたところ、「ウ」をつけて発音する方法でも良いとのことでした。

(2) 外国人には国によって発音が難しい単語があります

私は三十年ほど前から、多くの国際奨学財団の役員をしています。そのため、多くの外国からの留学生と話す機会があります。私は彼らと話す中で、育った国によって発音が難しい言葉があることを知りました。日本人にとってLとRの発音の違いが大変難しい理由は、幼児の時から区別しなくても良い環境で育ったからです。

韓国人にとっては、濁音が難しいそうです。私が韓国からきた優秀な留学生に「代表としてご挨拶しなさい」と言うと、多くの韓国からの留学生は喜んで「それでは、たい表としてご挨拶します」と言います。日本人にとって「た」と「だ」の区別は簡単ですが、韓国人にとっては大変難しいようです。それは、幼児のときから「だ」という言葉を使ったことがないからでしょう。日本語には、韓国人にとって発音が難しい言葉が多くあるように感じました。その点、中国人は幼児のときから沢山の単語の発音をしているのでしょう。日本語で発音できない言葉は中国人には少ないように思いました。

私が米国で生活している時、「I think so」を「アイ　シンク　ソー」と話しても通じませんでした。ところが、インドからの留学生が「アイ　チンク　ソー」と発音していたので、「下手な英語を話すなぁ」と思って見ていましたが、米国では通じていました。

第八章　ゲーム機が脳細胞に及ぼす影響

友達とスマホで連絡を取りながら夜通しゲームに熱中し、朝起きられず、学校に遅刻する小学生や中学生を育てている親御さんにとっては、大変な心配事だと思います。一方、脳を育てる脳トレゲーム機もあります。

これらは脳細胞を育てるゲーム機として認められ、世界的に普及しました。

この章では、これら二種類のゲーム機の違いについて、また、ゲーム機が脳に与えるさまざまな影響についてご説明します。

一　テレビゲームの問題点

平成14年（2002）に、NHK出版から「ゲーム脳の恐怖」という本が発売され、社会で大きな関心が持たれました。著者である日本大学の森昭雄教授は、まえがきに「驚くことに、テレビゲームの中には、前頭前野の脳活動を劇的に低下させるものが多いことがわかったのです。このままこれを放置していると、テレビゲームに熱中しすぎる子供たちは、キレやすく、注意散漫で、創造性を養えないまま大人になってしまうと思われます。さらに、若年性痴呆状態を加速する可能性が高くなるのではないかと危惧しています」と述べています。

森昭雄教授がこの本を出版された後、この問題はテレビでも取り上げられました。その頃、私は日本で初めて脳から発生する微弱な磁界を計測する装置の開発に関する国家プロジェクト研究を終えていました。森昭雄教授も私の研究のことをよく知っていたため、世田谷区にある日本大学の森昭雄教授の研究室を訪問し、森教授の研究内容について検討させていただきました。その頃、森教授は全国のＰＴＡの会合で年間２００回を超える講演をされていて、超多忙でしたが、ありがたく時間を取ってくださいました。

（1）森昭雄教授の研究の手法

市販の脳波計では、人間の脳から発生するα波と呼ばれる周波数が8〜13ヘルツの電圧と、β波と呼ばれる周波数が13〜30ヘルツの電圧を容易に計測することができます。α波は、脳がリラックスしている時によく発生します。一方、β波は考え事をする時など、脳を使っている時によく発生します。

森教授はα波とβ波に注目して、α波とβ波を十分に計測できる持ち運び可能な簡易型脳波計を開発し、健常者、テレビゲームに熱中している若者、認知症患者のα波とβ波を計測しました。その結果、認知症患者のα波とβ波の電圧の大きさを比較すると、β波の電圧が非常に小さいことがわかりました。テレビゲームに熱中している若者については、テレビゲームをする時間が長い者ほど、β波の電圧が小さくなることがわかりました。その結果に基づき、森教授は毎日1時間以内のテレビゲームは問題がないが、それを超えると問題が生じる

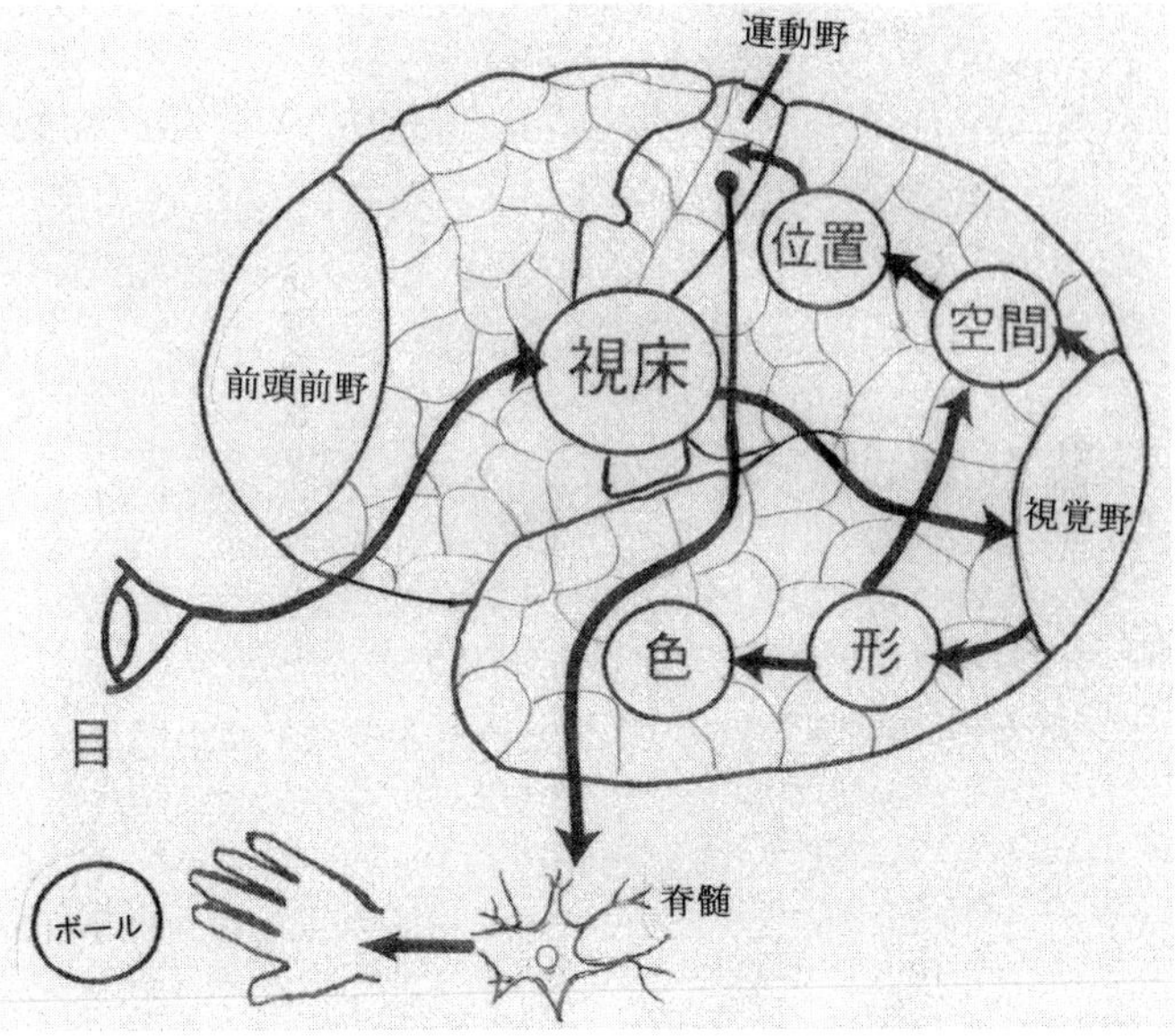

（図8－1）　ボールを手で掴むまでの情報の伝わり方

と警告しています。

その後、森教授が「元気な脳のつくりかた」と題した子供たち向けの本を少年写真新聞社から出版された際、私も推薦人のひとりとなりました。

（2）テレビゲーム中の脳の働き

多くのテレビゲームでは、テレビ画面を見て瞬間的に判断して行動する必要があります。この動作を（図8―1）で説明します。

まず、外部から入ってきた情報はすべて視床《ししょう》に集められます。目から入った光信号も、視床を経由して脳の後方にある視覚野というところに到達します。その後、その前方にある位置や空間、色や形を識別する脳細胞を通って、運動野の手を動かす脳細胞に伝わり、ここからの指令で手を動かします。この一連の動作は0.3秒間程度で行われます。その結果、脳の前方にある前頭前野を使う機会が少なくなります。「使う細胞は大きく育つが、使わない細胞は元気を失って死滅する」という細胞の原則に従うと、ゲームをする時には、目から入った情報は視覚野を経て、運動野で方向を変えるため、前頭前野まで行きません。その結果、将来重要な働きをする前頭前野の発育が遅れる可能性が大いにあります。

この欠点を補うため、最近のテレビゲーム機の中にはスピードを必要とせず、じっくり考えながら楽しむゲーム機が、欧米をはじめ世界的に増えています。この場合は、前頭前野まで刺激が届き、前頭前野の発育が遅れる可能性は少ないと考えられます。

二　脳をトレーニングするゲーム機

東北大学の川島隆太教授は若い頃、全身を使いながらファミコン・ゲームを楽しんでいる時は、脳全体が活動していると考え、PETで脳の活動を計測しました。その結果、期待したほど脳は活動しておらず、むしろ簡単な数字の足し算、すなわち2＋4、6＋7などを素早く繰り返しているときに、前頭前野を含め脳全体が活動していることを発見しました。

一方、54÷（0・51—0・19）などの複雑な計算を暗算で行っているときの脳の活動場所を計測すると、働いているのは左半球だけであることがわかりました。さらに、川島教授はｆＭＲＩ（機能的ＭＲＩ）や光トポグラフィーを用いて、脳を活性化させる各種の実験を行い、音読している時には脳全体が活動していることを発見しました。

川島教授はこの事実を確認するために、認知症患者のいる高齢者施設で実験をしました。その結果、本人も信じられないような良い効果があることがわかりました。

そこで、川島教授は早速この事実に基づいた「脳を鍛える大人のドリル」を出版し、さらに「脳を鍛えるゲーム機」を発売しました。その結果、特に脳トレゲーム機は世界で爆発的に売れました。

しかし最近、「読み書き計算」や「脳トレゲーム機」が脳全体を活性化するメカニズムについて、科学的に十分な説明がなされてないといった一部の脳科学研究者からの批判もあり、川島教授が脳トレゲーム機から少しずつ離れつつあるように思えて、私は寂しく感じています。

その理由は、川島教授が脳トレゲーム機の研究から離れてしまうと、一般市民向けの本を執筆されなくなるのではないかと思うからです。私は、川島教授が一般市民向けに書かれたと思われる本を多く読みましたが、脳科学に関する最先端の事柄が分かりやすく解説されており、脳科学を学びたい者には大変有益だと思っています。

三　私の脳科学の研究

実は、私が脳科学の研究に入ったのは、38歳のときです。人間が約0.1ボルトの電圧で活動していることは、昭和4年（1929）頃からわかっていました。人間の体内で電圧が発生すると、体内に電流が流れます。電流が流れると必ず磁界が発生します。そのため、以前より人体から磁界が発生していることは推定されていました。しかし、最も大きな磁界を発生させる心臓でも地磁気の100万分の1程度と非常に微弱です。

ところが、昭和45年（1970）ごろに、米国で超伝導素子を使った超高感度の磁束計が開発され、MITはその磁束計を使って人間の心臓や脳の神経活動に伴う磁界の計測に成功しました。そのころ私はMITに留学して、心臓、肺、脳から発生する磁界を計測していました。世界で初めての計測データであったため、学会で発表させていただきました。私が脳から発生している磁界について日本で研究発表をした際、会場にいた研究者の皆さんから「超能力の研究をしている」と思われました。

四　脳科学について書物を通じて勉強しました

そこで、私は脳の医学的な事柄について勉強する必要があると思い、脳についての専門書を読み漁りました。しかし、当時医学についての基礎知識がなかった私にとっては、難解でした。ある日、書店で脳に関する易しい解説書を探している時、川島隆太教授の書かれた

「5分間　活脳法」（大和書房）が目に入りました。川島教授はこの本を一般市民を対象にして書かれたと思いますが、私のような、医学について基礎知識がない者にとっても大変分かりやすい本でした。さらに、多くの基礎的な問題について、川島研究室にある最新の脳計測装置を駆使して得られた実験結果に基づいて執筆されているので、私のような理科系の人間にとっても大変理解しやすい本でした。川島教授が一般市民向きに書かれた本でも内容は大変高度で、専門的な事柄が分かりやすく解説されており、購入して正解だったと思いました。私はこの本を通じて、脳科学について深く学ぶことができました。

私は学長を退任した後も、卒業生の団体などに呼ばれ、脳科学に関連した講演を行っています。ある会場で講演が終わった後、在学生の母親から「脳トレゲーム機を使うと般化効果は得られますか？」と質問されたのには驚きました。主婦の方が「般化効果」という言葉を知っていることに驚いたのです。幸い私は、川島教授の執筆された「さらば脳ブーム」という新潮社から出版された本を購入して繰り返し読んでいたので、質問に対応することができました。

私は、般化効果という言葉をこの新潮社の本を読んで初めて理解することができました。この本によると、トレーニングした課題の能力が向上するのは当然であり、これは「学習効果」と呼ばれているが、直接学習したこと以外の能力も向上することを般化効果と呼んでいるとのことでした。日本には「風が吹けば桶屋が儲かる」ということわざがありますが、それに類似した効果です。

また、この本によると、世界で爆発的に売れている任天堂の脳トレゲーム機について、世界の脳科学研究者から賛否両論の意見が出され、世界で最も権威のある超一流雑誌の編集部が乗り出し、「この脳トレゲーム機には般化効果を直接示す科学的な根拠が示されていない。しかし、脳トレゲーム機は人間の脳に悪影響があるとも考えられない」と結論を出しているとのことでした。

しかし、スペインの大学では、脳トレゲーム機を使うことによって、記憶力、計算力、解析力が向上したという報告もあります。また、オーストラリアやオランダの大学などからも良い効果があったという報告がされています。

読み書きや簡単な計算を行う際に前頭前野の脳細胞が活動していることは、川島研究室にて最新の脳計測装置であるｆＭＲＩや光トポグラフィーを使った計測により証明されています。そのため、脳トレゲーム機は脳を鍛えるための有益な装置であると私は思っています。

五　ゲーム機についての私の考え

私は中学生の時、囲碁を覚えました。囲碁は大変楽しく、夕食後には集落の公会堂に行き、先輩たちを相手にしてプレイしました。その頃、集落に住んでいる若者のほとんどは中学校を卒業すると、高校へ進学せずに農作業などをしていたので、夜は公会堂に集まり、囲碁や将棋を楽しんでいました。私は、このような楽しい生活ができるのであれば、実家の農業を継いで、昼間は農作業に精を出し、夜は公会堂で囲碁ができる生活も良いなと思っていました。しかし、高校に入学してからは、囲碁にもさほど興味を示さなくなりました。

私の近親者の中にも、小・中学時代にはテレビゲームに熱中し、夜通しゲームをして朝起きられず学校に遅刻するなど、大変心配をかけた少年がいました。しかし、彼も高校生になるとゲーム機から少し距離を置き、勉強するようになりました。

このようなことを考えると、お子さんがテレビゲームに熱中して勉強をしなくなった時期が来ても、あまりカッカせず、将来に明るい夢を持って見守ることも大切だと私は思います。できれば、良い友人が持てることを期待しています。

一方、脳トレゲーム機については、私も購入して使ってみましたが、このゲーム機に熱中して、夜も寝ないでゲームを続ける生徒はあまりいないだろうと感じました。そして、このゲーム機を強制的に禁止する必要性はまったくないと思っています。

第九章　若者の容姿についての悩み

「若者に悪影響」という見出しで、令和3年（2021）12月10日の朝日新聞のトップ面に、世界で36億人の利用者を持つSNS最大手メタ（旧フェイスブック、FB）と傘下の写真投稿アプリ「インスタグラム」の若者への悪影響が指摘されていると報道されていました。

時が経つにつれ、FBが以前からこのような心理的な悪影響を及ぼしていたことが、元従業員の内部告発からわかってきました。その後、平成31年（2019）11月に日本を含む6ヵ国の2万人を対象にして内部調査が行われました。メタの内部調査の結果、自殺願望や自傷行為の悩みを抱える10代の少女の13・5％が「インスタグラムを見ると状況が悪くなる」と答えています。さらに、自分の容姿など身体の見た目の悩みを抱える10代の少女の32・4％も同様に、インスタグラムを見ると状況が悪くなると答えています。

インスタグラムには、容姿の良い女優や容姿に自信がある多くの女性がさらに化粧して写真を投稿するため、それを見る少女が彼女らのようになりたいと思って、極端なダイエットをして身体を悪くする例などが報告されています。

一 私の体験した自分の容姿についての悩み

朝日新聞では、少女をメインに取り上げられていますが、男性でも容姿を気にしている若者が多数います。私もかつてそのうちの一人でした。ここで、私が体験した話をさせていただきます。

私は大学2年生のとき、東京都世田谷区の大きな家の6畳一間を借りて自炊生活をしていました。そのころ、大学入試シーズンに入った2月に、高校の後輩から「入試期間だけ泊まらせてほしい」と依頼され、引き受けました。

後輩は、大学入試が終わるまではそれなりに勉強していました。しかし、入試が終わってからは「東京見物をしたいのでもう少し泊まらせてほしい」と言い出し、大家さんの許しを得てさらに滞在しました。

彼は朝食後に出かけ、夕方に帰ってきて、それから二人で夕食を準備することがほとんどでした。彼は入試も終わりリラックスして、私の部屋にいる時には、いつも手鏡を出して自分の顔を眺めていました。そして、夕食後には私の顔と比較するようになりました。私は自分の顔にまったく自信がなく、特に「出っ歯」であることを気にしていました。ある時、後輩から「口を隠した顔を見せてください」と言われ、内心ドキッとしましたが、表情には出さず、後輩の言われるポーズを取りました。

この大きな家の2階には、6室の貸間がありました。風呂は、歩いて5分ほど離れた銭湯に二人で行っていました。ある日、銭湯まで二人で話しながら歩いていたとき、後輩から「先輩は歩き方がおかしいですよ。足を引きずって歩いていますよ。直した方が良いですよ」と言われました。また、銭湯では大きな鏡の前に二人で並んで裸で立ち、「先輩は足が短いですねー」とも言われました。

後輩は明るい性格で顔立ちが良い好青年でした。私の容姿について欠点をいろいろと言われましたが、その時には私もあまり気にせず「あーそうですか」と聞き流していました。

最終的に、後輩は2週間ほど滞在して帰りました。私の部屋は廊下の北側にあり、日光が入りません。2月の寒いときには、七輪に炭を入れて手を温めるだけでした。後輩が帰った後、寂しい寒い日が続きました。それに加えて、後輩から指摘された私の容姿の欠陥を思い出すと大変辛かったです。しかし、出来の悪い私でも、両親にとっては大切な息子です。私は「どんなに辛いことがあっても死んではいけない。生きているだけで親孝行」と考え、日々を頑張ることにしました。

二　人間の価値とは何でしょうか？

そのころ、私は「人間の価値は何だろうか」と考えていました。社会で立派な地位になった者が偉いのではない、生まれた時に両親から与えられた自分をどれだけ人間的に高めたかが、その人間の価値であると私は信じていました。そのため、学生の身分である私は勉強する必要があると思い、自炊生活をしながら夜遅くまで勉強しました。

自分の容姿に悩むのは、異性に好かれたいという利己主義に基づくものであり、悩むのは間違っていると理屈では思いながらも、私は鏡に映し出された自分の容姿を見ると落ち込みました。

欠点には、努力して直せる欠点と、努力しても直せない欠点があります。若者は努力しても直せない欠点について悩み、直せる欠点についてはあまり悩んでいないように思います。私自身、足を引きずって歩く癖は、努力すれば修正できると思いますが、歩き方を修正する努力をしたことはありません。

努力しても直せない欠点を持っている私には、結婚してくれる女性は現われないだろう。しかし、どんな辛いことがあっても、自殺だけはしてはいけない。自殺は、残された両親や兄弟を苦しめるだけです。結婚はできなくとも、60歳までは生き続けよう。そして、60歳を迎えた時に「生きる」か「死ぬ」かを決めようと決心しました。

三　私にも女性との出会いがありました

私は、大学3年生のときから一生懸命に勉強しました。その結果、成績も上がり、大学を卒業した後は実習助手として大学に残していただき、その上、特待生として大学院に進学することができました。そのため、大学院1年生の夏休みには少し自信がつき、心を弾ませながら高知県の実家に帰りました。帰った時に必ず挨拶に行く先輩の家が、私の実家のすぐ近くにあります。いつものように帰省報告に行くと、先輩の弟が上川口小学校の同級生を集めてクラス会をしているところでした。

先輩から「良いところに来た。弟のクラス会ですので、遠慮せず参加してください」と言われ、8畳の和室で円形に座っている一席を開けていただきました。その頃、私の田舎ではクラス会はレストランではなく、誰かの自宅でアルコールなしで開催する習慣がありました。

8名ほどの集まりでしたが、女性が二人ほどいました。その場の雰囲気にも慣れてきたので、隣の女性を見ると、小学校のときから成績が優秀で評判の女性でした。彼女と話をするのはこの時が初めてでした。彼女は国立大学の教育学部の3年生で、将来は教員になりたいと言っていました。クラス会が終了するころ、数名の男性が彼女の前に来て、下宿の住所を聞きながら「手紙を出すので、返事はくれよ」と言っていました。彼女は、綺麗な文字で住所を書いて渡していました。

そのクラス会から数日後、私も彼女に手紙を出したくなり、先輩の弟に「教育のことで彼女にお聞きしたいことがあるので、手紙を出したい」と言って住所を聞きました。しかし、私の本心は、彼女と手紙による文通ができないかというお願いごとを書きたかったのでした。

私は東京に帰った後も、彼女に出す手紙の内容について何度も書き直しました。そして、手紙を発送したのは、6ヵ月後の翌年の1月15日の成人式の日でした。彼女からは10日後に手紙が届きました。私は、嬉しくて部屋の中をぐるぐると廻ったことを覚えています。

私は文通をしてほしいと書きましたが、彼女の手紙には「イエス」や「ノー」には全く触れず、文通の影響や効果などについて7ページにわたる彼女の考えが書かれていました。私はイエスなのか意味がよくわからず、「頭の良い人の書く文章は違うな」と思いながら、すぐにお礼の手紙を書きました。

それ以来、東京と高知の間をほぼ10日ごと、手紙の交換が続きました。彼女は始まったばかりの教育実習について、私は研究生活を中心に意見を述べ、男女間の愛情問題についてはまったく触れませんでした。しかし、このような文通が続くのは彼女の貴重な時間を浪費させるだけであると思った私は、大きな決心をしました。ついに、愛情問題に踏み込むことにしたのです。

私は5月の連休を利用して、3日間部屋に閉じこもって手紙を書き続けました。そこには、数年前からどのような思いで彼女を見てきたか、私の恋心と考え方を37ページにわたって述べました。私は自分の人間的な価値を考えた時、相手に自分の恋心を伝えた時には、自分は去っていかなくてはならないと思っていました。しかし、この場に至って急に去るのはあまりに寂しく感じたので、「文通を一時中断してほしい」と書きました。

私の寂しい気持ちを伝えるために、手紙の最後にヘルマン・ヘッセの次の詩を付けました。

第九章　若者の容姿についての悩み

独り

地上には、大小の道がたくさん通じている
しかも、みな目ざすところは同じだ
馬で行くことも、車で行くことも、
ふたりで行くことも、三人で行くこともできる
だが、最後の一歩は、自分ひとりで歩かねばならない
だから、どんなつまらないことでも、
ひとりですることにまさる
知恵もなければ、能力もない

私の長い手紙に対して、彼女からの手紙には、次のように書かれていました。

「お手紙ありがとうございました。実生活に於いても、やっと最高潮に達したかと思われる程の私の喜びが、急に谷底へでも落とされたかのような悲しみにうちひしがれ、一時は何も手につきませんでした。」

という書き出しで始まった彼女からの10ページの長い手紙の最後に、

「誠にかけがえのない青春の思い出を打ち明けてくださったことに対しましては、心から感謝しております。もはやお互いに、何の疑いも持ちたくない気持ちです。

これからの生活も、なお、運命はある程度までは開拓できるんだと信じて、ペンをおきたいと思います。

5月10日」

彼女からの手紙には、夏休みに故郷上川口へ帰ってきた時に是非お会いしたいと書かれていましたので、それを楽しみにして文通を中断しました。

四　容姿についての私の悩みは去っていきました

私は自分の容姿についてはまったく自信がなく、将来、恋人ができるはずもないと思っていました。

初めて心が通じ合ったと思えるこの女性とお会いする時、不思議なことに、私は自分の容姿のことはまったく気になりませんでした。夏休みで実家に帰っている彼女の家を訪問して、1年ぶりに顔を合わせた時、私たちはニコニコとした笑顔で会うことができました。それから夏休みの1ヵ月、太平洋に面した故郷の海岸を散歩するなど、ほぼ毎日会っていました。

9月に入り、二人は東京と高知に別れましたが、再び文通が始まりました。内容は研究生活だけでなく、愛情問題など多岐にわたりました。彼女は大学を卒業した後、希望していた高知県の中学教員になりました。

文通が始まって3年半を経過した後、私たちは結婚して現在に至っていますが、二人の間で私の容姿について問題になったことは一度もありません。彼女と出会って、今まで感じていた死にたいと思うほどの苦悩がなぜ消え去ったのか不思議に思いました。

よく考えてみると、若いときの私は自分の欲望だけが強くて、人々に対する心からの愛情が欠けていたように思います。

五　愛は人間を動かすエネルギー源です

私は彼女とお付き合いしている時、「愛は人間を動かすエネルギー源である」ということを何度も実感したことがあります。

純粋な愛情とは、自分を無視した状態の時に初めて生じる感情であり、自分に欲望がある状態では起こらないように思います。しかし、人間はすべての欲望を捨て、自分を無視して相手に尽くし続けることができるでしょうか？

短期間ならば可能でしょうが、長期間は不可能であると思っています。そのため、男女間だけでなく、人間同士のお付き合いには「相手の良い面だけを見て、欠点は見ない」というサマセット・モームの精神が必要ではないでしょうか。

夫婦間では特に必要であると私は思っています。

六　先走りしないで時間をかけて考えましょう

先に述べたように、朝日新聞の調査では、自殺願望や自傷行為の悩みを抱える10代の少女の13・5％が、インスタグラムを見ると状況が悪くなると答えており、自分の容姿など身体の悩みを抱える少女の32・4％が状況を悪くすると答えています。

私が高知県の田舎の村で生活していた時には、自分の容姿について悩むことはありませんでした。しかし、東京に来てからは周りが立派な青年ばかりに見え、自分は田舎から出てきた山猿のような顔をしている男と思えて悩みました。

女性は、男性よりも容姿についてさらに気になると思います。インスタグラムに出てくる美しい女優や素晴らしい化粧をしている同年代の方の容姿を見て、自分と比較して落ち込む方も多いと思います。

しかし、どんなに辛いことがあっても自殺だけはしないで欲しい。日本では、年間3万人近く自殺が起きています。自殺は一つの原因ではなく、いくつかの悩みが重なったときに発生するようです。

若者の自殺は、両親や兄弟姉妹に大きな悲しみと苦しみを与えることになります。そのため、自殺したいと思っている若い方も、実行は60歳以上になってから考えて欲しい。先延ばししている間に考えが変わる可能性もあります。私の場合、ガールフレンドができてから不思議と容姿のことは気にならなくなりました。

自分の容姿について悩んでいる方の参考になるかと思い、私の恥ずかしい過去の話をさせていただきました。

七　将来に明るい大きな希望を持って生活しましょう

私は若い頃、人間はいつかは結婚しなくてはならないと思って生活していました。しかし、結婚しても離婚して、その後、独身のまま楽しく生きている方々を拝見すると、結婚せずに独身のまま幸福な人生を送るのも良いかもしれないと思うこともあります。

幸福とはどのようなことでしょうか。今から約420年前、シェイクスピアは戯曲「ハムレット」の中で「世の中には幸福も不幸もない。ただ、考え方でどうにでもなるのだ」と言っています。考え方をコントロールするのは、人間の「心」です。

人間の心はどこにあるのでしょうか。

今から2500年前、哲学者プラトンは「理性は脳に、情動や欲望は脊髄に宿る」と、アリストテレスは「心臓は心の座である」と書き残しています。

医療技術が進歩し、人間の臓器の機能が容易に計測できるようになった現代では、心が心臓にあるとは誰も思わなくなり、心は脳の中にあると思っています。特に、脳の中でも前頭前野にあることがわかっています。

20歳を過ぎると、せっかく育った脳細胞は少しずつ死滅します。しかし、使っている脳細胞はなかなか死滅しません。死滅する前に、いつも明るくポジティブな考えをする幸福脳を育てましょう。

将来に明るい夢を抱き、楽しく笑いのある生活を続けていると前頭前野の脳細胞がよく育つことが、今までの国内外の研究からわかっています。いつも前向きでポジティブな考えをする幸福脳を育てながら生活しましょう。

第十章　神経伝達物質ドーパミンとセロトニン

人間の脳はニューロンと呼ばれている神経細胞とグリア細胞と呼ばれている2種類の細胞から構成されています。神経細胞については第三章の（図3―1）に示している無髄神経と有髄神経の2種類あり、脳全体でおよそ1000億個あると推定されています。

一　シナプスの構造と働き

今から100年以上前の明治33年（1900）頃に脳内の多数の神経細胞がどのように接続しているかについて大きな議論が発生しました。イタリアのカミロ・ゴルジ博士は神経細胞の染色法を発見して、詳細に観察した結果、全ての神経細胞は網目状に繋がっていると主張しました。

これに対して、スペインのサンティアゴ・ラモニ・カハール博士はゴルジの染色法を用いて更に神経細胞を観察して、各神経細胞は独立しており、接点には非常に狭い間隙があると主張していました。

二人の主張には大きな違いがありましたが、二人は「神経系の構造研究」に貢献したという理由で明治39年（１９０６）に同時にノーベル生理学・医学賞を受賞しています。その頃の光学顕微鏡では神経の接点は観測できませんでしたが、昭和7年（１９３２）に発明された電子顕微鏡で観測が可能となり、各神経細胞の接続点には数万分の１ミリの間隙があることが判明しました。この接続点のこぶ状の部分をシナプスと呼ぶようになりました。

シナプスの内部構造を（図10―1）に示します。神経細胞の軸索の末端のシナプス終末に活動電位が伝わるとシナプス内にあるシナプス小胞の中にある化学物質をシナプス間隙に放出します。放出された化学物質はシナプス間隙を通り、相手側の神経細胞にある受容体に確保されて、相手側の神経細胞体内の電位を変化させます。化学物質の中には電位を上げるものと下げるものがあります。この電位がある値に達するとこの神経細胞体から軸索に一発の活動電位が発生します。

この化学物質は神経伝達物質と呼ばれており、情報の伝達を行っています。

脳の神経伝達物質は、１００種類ほどあると考えられていますが、現在見つかっているのは60種

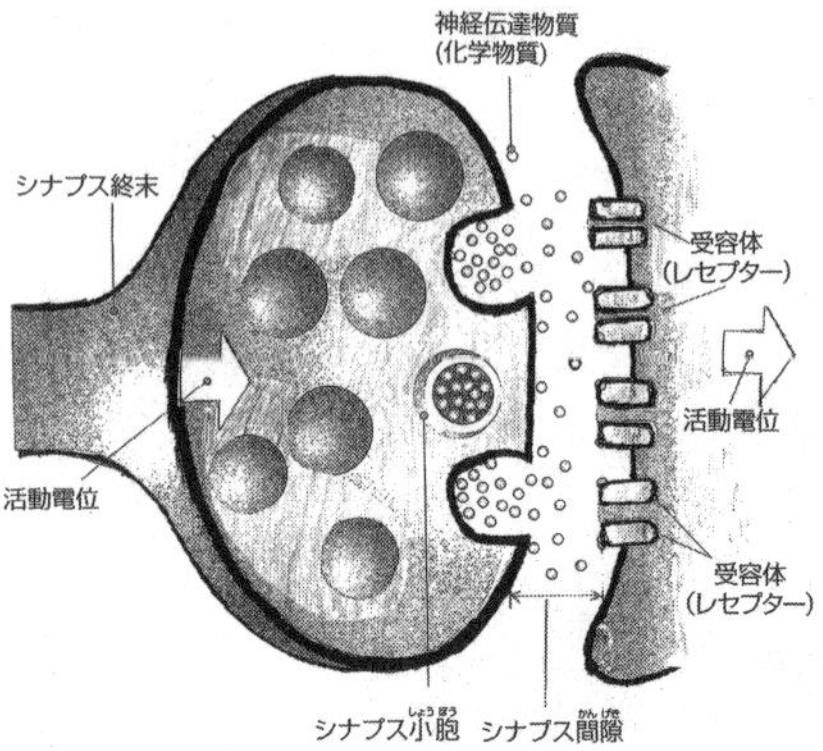

（図10－１）　シナプスの構造と働き

類ほどです。これらの神経伝達物質がバランスよく分泌されないとうつ病とか統合失調症などの原因になると考えられています。

（1）人間にやる気と快感をもたらすドーパミン

多くの神経伝達物質の中で代表的なものは、ドーパミンとセロトニンです。まず、ドーパミンについてお話しします。将来に大きな夢と希望を持って目標を立て、それに向かって意欲を持って努力していると、ドーパミンが脳の中心部にある腹《ふく》側《そく》被《ひ》蓋《がい》野《や》から分泌され、前頭前野などを活性化させます。ドーパミン神経には、目標が達成されるとさらにドーパミンの分泌を増加させる報酬回路も備わっています。ドーパミンは人間にやる気と快感を起こします。この快感はドーパミン型幸福感と呼ばれ、欲望充足型の幸福感です。

（2）私が体験したドーパミン型幸福感

私は高知県西部の田舎の村から上京して、人間であふれた東京の中で孤独感と劣等感に襲われました。そのとき、この苦悩から抜け出すために多くの小説を読み、人間の生き方について学びました。

そして、大学2年生の後期では、電気磁気学という電気工学を学ぶ学生にとって大変重要な科目がありました。私はこの難しい必須科目を履修し、一生懸命に勉強しようと決意しました。

毎日の学校からの帰りには食材を買い、すぐに食事の用意をしていました。しかし、すぐには食べず、まずは机に向かいました。そして、勉強に疲れが見えてきた時、食事をして仮眠を取り、再び机に向かいました。

電気磁気学という科目は大変重要な科目で、週に2回も講義があり、その上、電気磁気学演習という科目もありました。この二つの科目に共通した試験は、毎月行われました。この試験の結果は、毎回上位10名ほどの点数が教室に張り出されていました。私はその結果を見るのが楽しみで勉強しました。今考えてみると、この頃、私の脳から沢山のドーパミンが出て、私にやる気を起こさせたのだろうと思います。そして、試験の結果が良かったので、ますますドーパミンが分泌され、勉強したくなったのだと思います。

(3) ドーパミンの身体に悪い作用とは

ドーパミンが不足すると、パーキンソン病という病気になりやすいことがわかっています。パーキンソン病とは、19世紀のはじめにイギリス人医師のジェームス・パーキンソンによって発見された、運動障害を引き起こす病気です。主な症状は、筋肉の硬直による歩行困難、手足のしびれなどがあります。ほとんどの患者は40歳を過ぎてから発症します。日本人では1000人に1人程度発症します。

治療薬としては、患者のドーパミンを人工的に増やす飲み薬が多数あります。

ドーパミンは人間にやる気と快感を起こすといった良い面がありますが、薬物による依存症を作るという悪い面もあります。

二　幸せホルモンと呼ばれるセロトニン

セロトニンは、ドーパミンの分泌を調整し、人間のストレスをうまく処理し、人間に生きる力を与えます。セロトニンが欠乏すると、うつ病になりやすいことも知られています。

セロトニンの分泌には、人と人との温かい交流を深めると同時に、朝日を浴びて毎朝散歩をすると分泌量が増えるといった効果が得られることもわかっています。他人のために尽くし、感謝されると自分も快感を感じますが、これがセロトニン型幸福感です。この時、セロトニンの分泌は増加します。

セロトニンの原料は、体内では作ることができない「トリプトファン」という必須アミノ酸です。これを含む食材は、大豆製品、乳製品、肉類、魚の卵や鳥の卵などです。

具体的には、食品１００ｇ中に含まれるトリプトファンは、

①米　82mg　②そば　１７０mg　③カツオ　３１０mg
④マグロ赤身　２７０mg　⑤豚ロース　２８０mg　⑥鶏むね肉　２７０mg
⑦豆腐　98mg　⑧バナナ　15mg

とされている報告もあります。

セロトニンを合成するためには、トリプトファンの他にビタミンＢ６と炭水化物が必要です。これら全てが含まれる食べ物として、バナナが挙げられます。バナナはトリプトファン

の含有量は少ないですが、ビタミンB６と炭水化物などをバランスよく持っています。
皆さんも積極的にバナナを食べましょう。

三　幸せな人生とは

若いときは大きな夢を持って、自分の夢を達成するために一生懸命に努力して、ドーパミン型幸福感を得るのが望ましい生き方であると私は思います。一方で、学生時代から安易な形でセロトニンを出して、努力せずに現状に満足し、のんびり過ごしていると成長が止まります。今を生きる若い方には、ぜひ大きな目標を立て、それに向かって努力していただきたいと思います。

その後、定年を迎える年になった時には、競争社会から離れて、ボランティア活動などを通じて他人との共通の幸せを求めるセロトニン型の幸福感を求める生き方が望ましいと私は思っています。

今から４２０年前に、シェイクスピアは戯曲「ハムレット」の中で「世の中に幸も不幸もない。ただ、考え方でどうにでもなるのだ」と言っています。何事にもポジティブに考える脳を育てて、幸せな人生を送りましょう。

四　セロトニン型幸福感で満たされていた私の母親

私が母親の存在を意識し始めたのは、小学生のころからでした。母親に怒られたことはありましたが、母親は穏やかな人柄の女性で、感情的になって怒ることはありませんでした。そのため、私は母親を怖いと感じたことはありません。それに対して、父親は白田川村役場に勤め、その後は県職員としての仕事をするなど大変真面目でしたが、短気な面もあり、時々感情的になって怒るので、私たち兄弟5人にとって大変怖い存在でした。

ある時、次のようなことがありました。私が自宅で父と母と昼食を取っている時、自宅の風呂場の改修のための浴槽の大きさが話題になりました。父親の言う浴槽の寸法に対して、母親は「お父さんの言うことは間違っています」と優しい言葉で反論していました。母親の反論に対して、父親は怒り始めました。そこで、私は風呂場に行き、その寸法を測ったところ、その結果は母親の言う通りでした。

そのことを知った父親は、母に対して「お前は最初から寸法を知っておきながらそのことを言わずに私に反論した」と言って再び怒り始めました。私は父親のそのような態度を見て、「大の大人がこのようなことで怒るとは、誠に恥ずかしい」という思いを抱き、それ以来、極力腹を立てるような短慮なことはしないよう注意してきました。

考えてみれば、私は小・中学生時代には父親の遺伝子の影響でしょうか、短気ですぐに怒りだし、クラスメイトとよく喧嘩していました。しかし、この事件以来、腹を立てないように努力していると、母親の遺伝子が頭を出してきたのか、不思議に腹が立たなくなりました。

現在では、怒ることのない温厚な人間の仲間入りをしたように思います。

母親は20歳の頃に小谷家に嫁入りしてからは、私の祖母に当たる義理の母に連れられて毎日農作業に出かけていました。私の父親は村の役場に勤務していましたが、軍隊に召集され役場を退職しました。そして、復員後に高知県の農業相談所に勤め始めました。そのため、父は日曜日のみ農作業をしていたので、母は5人の子供たちを育てながら、農作業の他に朝、昼、晩の食事を作るなど家事全般を行っていました。母は温厚な性格で周りの人達に対して優しく接していたので、周りの人達からも信頼されていたことから、長年にわたって集落の婦人会長を務めていました。

今、母親のことを思い出すと、毎日の激務に不満を言うこともなく、楽しく毎日を過ごしていた母親は、いつもセロトニンが出ていたように思います。

このような生活を60年ほど続けてきた母でしたが、ある年の正月明けに異変が起こりました。実家の隣に住む方から、母が急に変なことを言い出したという電話をいただきました。そこで、私も高知県の実家に帰りました。母が入院している病院に行き、担当医師と相談して母のX線CT画像を見せていただきました。それを見ると、母は脳出血でした。幸いにも、母の脳出血は脳の一部で言葉を話す言語機能を支配する（図3―4）に示す「ブローカ野」と呼ばれている脳細胞に出血が見られました。しかし、話し言葉を理解する「ウェルニッケ野」と呼ばれる脳細胞には異常がないように見えました。

そこで、私の話す言葉は理解できると思って話しかけました。ところが、私の話に対する母の返答は、「ジュノイですねー」とか「ジュノイに行ったかねー」とか、意味が理解できない言葉ばかりでした。

母には高血圧の持病があり、いつも高血圧を抑える薬を飲んでいました。ある年の正月直前に薬がなくなりましたが、一人暮らしのため病院に行かず、一週間ほど薬なしの生活をしているうちに脳出血を起こしたのでした。

脳出血は脳の一部だったので、言葉だけに障害が起き、手足は自由に使えました。そのため、リハビリ専門病院では満足できる生活が送れたと私は思っています。

2年足らずの病院生活でしたが、母は平成10年（1998）4月24日に84歳で亡くなりました。私の田舎では、その頃、葬儀を自宅で行う習慣がありました。その風習にしたがって、母の葬儀は自宅で執り行われました。

私はその年の4月1日より、東京電機大学の学長に就任していました。葬儀のために実家に帰ると、大学と関係のある多くの企業からいただいた沢山の花輪で自宅の回りが埋めつくされていました。多くの方々からの暖かい想いとともに母親を送り出すことができ、皆様には今でも深く感謝しています。

五　幸運に導かれた私たち親子

母のことを思い出しながら書いていると、父についても少し書きたくなりました。私が小学校に入る前は、父は村役場に勤務していました。父は時々、宿直があったので、その時、父に連れられて役所に行き、父と宿直室で一緒に寝たことを記憶しています。

私が小学校1年生の時、父は軍隊に召集され、私は上川口のバス乗り場に見送りに行ったことをよく覚えています。父は、多くの集落の人々に送り出されました。

父は鹿児島県鹿屋市にある鹿屋海軍航空隊に配属され、飛行場で神風特攻隊の飛行機の整備が主な仕事だったようです。この航空隊からは、日本で最も多い908名の若い特攻隊員が出撃しています。

父からは母宛に時々手紙が来ていました。ある日の手紙に、沖縄防衛のために沖縄に行くことになったと書かれていました。母は大変心配していましたが、次に来た手紙に上官から「小谷には3名の子供がいるので、沖縄に行かなくてもよい。ここに残れ」と言われ、鹿屋海軍航空隊に残ることになったと書かれており、母は大変喜んでいました。

私が小学校2年生のときに終戦を迎えました。父が復員して我が家に帰ってきた光景を今でも良く覚えています。父は復員後、高知県の農業相談所に勤務するようになりました。父が復員してから私には弟が二人増えて、私たちは5名の兄弟姉妹になりました。父は大変元気で周りの人々から100歳までは生きるでしょうと言われていました。ところが、旅が好きな父は旅先で体調を崩しました。急いで帰宅し、大病院で診察した結果、癌であることがわかりました。その時、父は64歳でした。入院して治療した結果、癌細胞は見えなくなったと医師から言われ、安心して自宅で過ごしていました。

しかし、70歳過ぎに再発して、74歳で逝去しました。思えば、怒りっぽい父でしたが、心は優しい人間で私たちの成長をいつも願っていました。

私たち兄弟はあまり学校の成績は上位ではありませんでしたが、両親の教えで前頭前野の脳細胞を発育させることができ、その上、幸運にも恵まれて、順調に歩んできたと私は思っています。これからも、この幸運の女神から見放されないような生活を続けなくてはならないと思っています。

第十一章　幸運を導く生き方

「めったに起きないことがあると続いて起きる」とよく言われています。テレビニュースなどでめったに起きない事故などが報道されると、また数日後に、同じような事故の報道を目にすることがあります。このような現象は数学的にも説明できます。

私が、会社経営者の集まりでこの事について説明すると、意外にもこの事実に基づいて会社経営をされている方が多いことに驚きました。

一　確率論によって幸運の道を見つける方法

私は大学4年生の時に、次の問題に直面して実験したことがあります。

問題：袋の中に黒の碁石99個と白の碁石1個が入っていると仮定します。今、白石を掴み出し、また元に戻して袋の中をかき混ぜます。そして、次に白石を掴む確率は何回目がもっとも高いでしょうか？

１００個の碁石の中に白の碁石が1個入っているので、１００回に1回白の碁石を掴むのは、確率論からすぐ推定できます。ところが、何回目に掴む確率がもっとも高いかを推定することはかなり難しいです。初めは、70回目かなと思ったりしましたが、私は工学部の人間

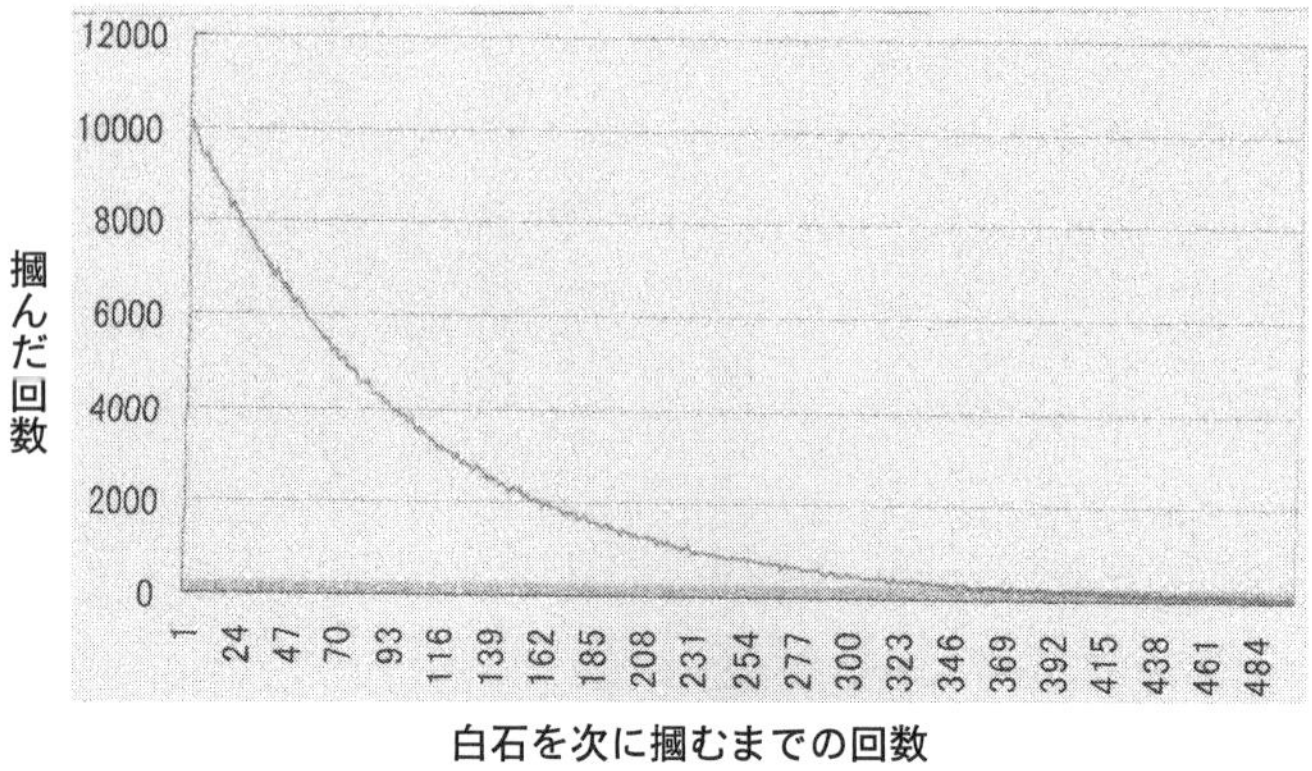

（グラフ11－１）　白石を掴む確率（１億回試行）

なので、何でも実験して確認する習慣があります。

早速、布を買って袋を作り、碁石を買って黒石99個と白石1個を袋の中に入れてかき混ぜます。最初に白石を掴んだ後、白石を袋の中に戻し、再びかき混ぜます。そして、次に白石を掴むまでの施行回数を数えます。この実験には大変時間がかかりました。

そこで、パソコンを使ってプログラミングを組み、上の実験をシミュレーションしました。1億回にも及ぶ施行回数の結果は、（グラフ11―1）に示す値になりました。

次に、確率の計算で確かめました。

①まず最初に白石を掴む確率は1/100 = 0.01

②続いて白石を掴む確率は

(1/100) × (1/100) = (0.01) × (0.01) = 0.0001

③黒石のあと白石を掴む確率は、黒石を掴む確率が

(99/100) なので、

(1/100) × (99/100) × (1/100) = 0.000099

④黒石を2回掴んだあと白石を掴む確率は、
(1/100)×(99/100)×(99/100)×(1/100)＝0.00009801
このような計算を繰りかえせばよく、結果は（グラフ11―1）と同じになります。
実験結果から、幸せな出来事も、不幸せな出来事でも、一度起きると続いて起きると言えます。

二　この確率論にしたがって会社を経営された方

良いことが起これば続いて起きるという確率論にしたがって、会社を経営してきた方は多数います。その代表的な方が、元日本電気（NEC）社長兼会長の関本忠弘氏です。

私が学長のとき、関本忠弘氏に東京電機大学でご講演をしていただきました。その時、関本著「感じて　信じて　行動しよう」（日刊工業新聞社発行）という本をいただきました。

その本の第1章には、次の文章が書かれています。

企業経営にはツキが結果を左右することがあります。私は、このツキというものに大変興味があり、人とツキとの因果関係を統計的に見ることができないかと考えています。私は、「ツキがある強運の持ち主」と人から言われますが、特に秘訣があるわけではありません。「ついている」と思うときには「エイ、ヤッ」とやって、「ついていない」と感じたらジッとしているくらいです。基本的にはプラス思考ですね。「人間万事、塞翁が馬」という故事の信奉者です。

私は関本忠弘氏の執筆されたこの本を読んで、関本忠弘氏は確率論に沿って会社経営をしているのだなと理解しました。

三　先の見えない霧の中で決断する方法

長い人生街道には、自分の人生を大きく変える重要な分岐点がいくつかあります。その分岐点にさしかかった時、それを右に行くか左に行くかによって、その人の人生が大きく変わります。このような分岐点は、長い人生において7つか8つはあるように思います。人生における分岐点は、多くの場合先が見えないので、そこにさしかかった時、それが重要な分岐点であるか、単なるわき道であるかわからないのが大きな特徴です。分岐点を通り過ぎ、後戻りできなくなった時点で過去を振り返り、「あの時が大きな分岐点にさしかかっていたのだなー」と思い出せるものです。

若い人の場合、進学する学校を決める時、就職先を決める時、結婚相手を決める時など、立て続けに分岐点があります。

四　若いときの私の分岐点

私が、東京電機大学に勤めるようになったのも、まったくの偶然でした。先に述べたように、私は子供のときから勉強が嫌いでしたが、大学2年生になった時、自己意識に目覚めました。そして、自分が人間として劣っていることに気づき、強い劣等感に襲われました。1年間悩んだ後、自分を人並みにするには勉強するしかないと思い、3年生のときから頑張りました。そして、大学卒業後は働きながら東京電機大学の夜間の大学院に行こうと思っていました。そのため、仕事と学業の両立が可能な会社に就職したいと思い、東京の郊外に本社がある会社を見つけ、大学4年生の夏休みに実習に行き、一生懸命に頑張りました。その甲斐あって、会社の方から是非入社しないかとお声がけいただきました。私も大変満足し、大学卒業後はその会社に行こうと思っていました。

そのような気持ちでいる頃、私が大学の学生食堂で昼食を取っていると、私の前の席に当時電子工学科長であった中野道夫教授が自分の食事を持ってきて座られました。その当時、個人的なことで主任教授に話しかけるのはなんとなく気が引けていましたが、良い機会だと思い、自分が大学院に進学したいことや、そのためにこの会社に入りたいことなどを思い切って相談しました。そしたら中野教授から食事が終わった後に学科長室に来てほしいと言われました。

学科長室に行くと、中野先生は私の成績などを見ながら「君は3年生から急に成績が良くなっている。大学院に行きたいのであれば、会社に就職しないで、少し大学に残って勉強したらどうだね」と言いました。大変嬉しく感じましたが、「ありがとうございます。明日まで考えさせてください」と言って私は学科長室を離れました。

その日は、嬉しくて夜も眠ることができませんでした。翌朝、急いで大学に行き、中野教授に大学に残してくださるようお願いしました。その結果、大学を卒業した後、そのまま電子工学科の実習助手になりました。そして、夜間大学院に入学し、中野教授のご指導の下、日立製作所の研究所と共同で新しいカラーテレビ受像機の開発研究に入りました。

五　次の分岐点は3年後にやって来ました

大学の実習助手として残していただきましたが、当時の東京電機大学の教授や助教授は東京大学、東京工業大学、大阪大学、東北大学など著明な大学の出身者ばかりです。私が定年まで大学に勤めていても、助手のままか、もしくは最後に講師にしていただける程度だと思っていました。そのため、大学院の修士課程を修了したら転職するつもりでした。

そのころ、私の兄が高知県立高校の教員をしており、兄のルートで高知工業専門学校が教員を募集していることを知りました。そこで、内々に資料を集めて、高知工業専門学校の採用試験を受ける決心をしました。しかし、受験の前に大学院の指導教授の中野先生にご相談しました。そしたら、中野先生から「工業専門学校に行きたいのであれば、大学院博士課程を終えてからでも遅くない。博士課程に行きなさい」とアドバイスをいただきました。

博士課程の入試ではドイツ語の試験に失敗しましたが、入学することができました。驚いたことに、博士課程2年生のときに電子工学科の専任講師にしていただきました。電子工学科には、昼間部の第一部と夜間部の第二部がありました。大学院博士課程は昼間部だったので、電子工学科の第二部担当の専任講師であれば、文部省も認めてくれました。

六　分岐点にさしかかったときに良い方向を見つける方法

人生の分岐点にさしかかったとき、人は誰でも、幸せになる方向に進みたいと思うでしょう。しかし、先は霧に包まれて皆目わかりません。このような時、幸せを導く方向を見つけ出す方法が一つだけあると私は信じています。それは、本人が「徳」を身につけていることです。徳を身につけた人物であれば、迷うことなく自分が信じた道を進んでも良い方向に進みます。

それでは、私たちが身につけたい徳とは、いったいなんでしょうか？

易しく言えば、人々に対して深い愛情を抱き、謙虚な気持ちを持って、天から授けられた自分を少しでも人間的に向上させようと努力することではないでしょうか？

第十二章　中国古典を読みましょう

私が中国古典を読み始めた頃、東洋経済新報社発行の山下俊彦著「ぼくでも社長が務まった」という本に出逢い、大変な感動を受けました。著者の山下氏は、工業高校卒業で松下電器産業株式会社（現パナソニック株式会社）に入社し、本人の努力によって取締役まで昇進されました。その後、取締役26名中序列が25番目だった山下氏は、創業者の松下幸之助氏に認められ、三代目の社長に抜擢され、社長在任の9年間で大企業病にかかっていた松下電器産業株式会社を見事に活性化させました。さらに、下積みの社員時代では中国古典に親しみ、特に論語を読み続けていたそうです。それを知った私も中国古典に親しみを感じ、守屋洋氏の書かれたわかりやすい中国古典を毎日3時間は読み続けました。

一　中国古典を読むようになったきっかけ

私が教授になった数年後に、オーム社の田中剛三郎社長から夕食に誘われました。オーム社とは、電気を中心とした工学系の本を出版している出版社です。私は、田中社長からどのような話をされるのか少し心配でした。田中社長は、東京電機大学の前身である電機学校の卒業生であり、学校法人東京電機大学の評議員なども務められていました。

ビールを飲みながら、私がＭＩＴでどのような研究をしてきたか細かく質問されました。田中社長も少し酔いが回ったころ、「小谷君は研究熱心のようですが、東京電機大学の卒業生でもあるので、将来は大学運営のことも考えてくださいよ」と言われ、カバンの中から一冊の本を取り出しました。

その本は、プレジデント社から発刊している伊藤肇氏が執筆された「現代の帝王学」という本でした。私は変わった名前の本だと思いましたが、田中社長から是非読むように勧められましたので、自宅に帰ってからすぐ読み始めました。この本は、今まで私が読んでいた文芸小説と異なり、中国古典に登場する人物や、我が国の立派な経営者の言動が書かれているのが特徴でした。

二　上司と意見が異なったときの発言の仕方

この「現代の帝王学」の中に、三菱商事元社長の諸橋晋六氏に関する次のような文章があります。

諸橋晋六氏がまだ若いころ、上司と意見がくい違い、そのことを記したうつうつたる手紙を、実父である諸橋轍次氏（漢学者）に送ったところ、このような場合の処し方を書いた次のような返事がきました。

上司と意見を異にすることはよくあることだ。そのこと自体、思い煩うことではなく、会社のために言うべきことはどんどん言うが良い。ただ、お前が意見を述べるにあたって、次のことを心に入れておくこと。

第一に、毛筋一本ほどでも私利私欲があってはならない。

第二に、相手の立場を尊重して、あくまでも礼儀を守ること。

第三に、不幸にして、お前の言が容れられぬことがあっても、平心を失わず、その場は退いて自分を再考し、何日か考えたあげく、やはり自分が正しいと思ったら、また話を持ち出してみろ。

これだけの用意があれば、相手もきっと私心がないことを分かってくれるし、後日お前の言うことにも耳を傾けてくれるだろう。

諸橋晋六氏は、処世の原理原則を父から教わったと思い、今でもこの手紙を大切に保管しているとのことでした。

この文章は、その後の私の生き方に大いに参考になりました。私はこの文章を読んだ後、諸橋晋六氏と一度お会いしたいと思っていましたが、チャンスがありませんでした。幸い、公益財団法人で私と一緒に役員を務められた、三菱銀行元頭取・三菱東京ＵＦＪ元会長の若井恒雄氏にこの話をすると、すぐに諸橋晋六氏を紹介していただくことができました。

数日後、丸の内の皇居が一望できる三菱商事ビル21階の特別室で諸橋晋六氏にお会いすることができました。諸橋晋六氏は、子供時代は勉強が嫌いでサッカーばかりしており、私と共通点があったことから楽しく諸々のお話ができました。

今後も時々お会いしてお話ししてくださることになっていましたが、残念ながら数年前に逝去されました。誠に残念です。

三　中国文学者の守屋洋氏の著書に学ぶ

中国古典に興味を持った私は、それ以降、多くの中国古典を読みました。中でも、若手の中国文学者である守屋洋著「中国古典に学ぶ帝王学の知恵」はわかりやすく、大変興味を持って読みました。それ以来私は、守屋洋氏が執筆された論語《ろんご》、孫子《そんし》、老子《ろうし》、韓非子《かんぴし》など多くの中国古典を、町田駅から御茶ノ水駅までの往復の通勤電車の中で毎日読み続けました。

その後、御茶ノ水駅近くのレストランで守屋洋氏と二人で昼食する機会がありました。それ以降、守屋洋氏からご自分で執筆された「為政三部書講義《いせいさんぶしょこうぎ》」や「三国志《さんごくし》の人物学」など多くの中国古典の書籍をお送りいただき、さらに中国古典を勉強することができました。

四　中国古典の中でもっとも好きな老子を紹介しましょう

老子は、論語の著者である孔子より100年ほど後に出た思想家です。孔子は、孝行や礼儀作法など人間生活のあり方について細かく述べていますが、老子は自然のままの自由な考えのもとで行動した方が良いと述べています。

老子という本は、今から2300年ほど前に書かれています。老子の主張の根底には、「道」と「徳」があります。この「道」を体得することによって、「道」の持っている優れた働きを身につけることができます。それが「徳」です。

守屋洋氏が書かれた「中国古典に学ぶ帝王学の知恵」によると、老子がいう理想的な指導者とは次のような人物とされています。

①道を体得し、徳を身につけた人物である。

②奥知れぬ味わいがあって、その深さが計り知れない。

老子のいう理想的な指導者の特徴は、

①氷の張った河を渡るように、慎重である。

②四方の敵に備えるように、用心深い。

③客として招かれたように、端然と構えている。

④氷が解けていくように、こだわりがない。

⑤手を加えぬ原木のように、飾り気がない。

⑥濁った水のように、包容力に富んでいる。

⑦大自然の谷のように、広々としている。

老子の言葉を総合すると、

①立派な才能に恵まれていても、それを見せびらかさない。

②大きな仕事を成し遂げても、それを鼻にかけない。

さらに、老子は指導者を次の四つのレベルに分けています。

「大上は下これあるを知る。その次は親しみてこれを誉める。その次はこれを恐れる。その下はこれを侮る」

原文を直接日本語に訳した言葉ですが、意味は次の通りです。

①最高の指導者とは、周りから指導者であることは知られているが、特に立派な方や偉い方であると思われない指導者

②皆様から慕われる指導者

③皆様から恐れられる指導者

④皆様から侮られる指導者

私が好きな老子の言葉は「上善如水：上善は水の如し」です。

人間の最高の生き方は水のようなあり方であると老子は主張しています。

①水は相手に逆らわず、相手次第でいかようにも対応できる柔軟性を備えている。

②水は万物に恩恵を与えながらも、低い方へと流れていき、人間の謙虚なあり方を体現している。

③水は弱さに徹している。弱さに徹する故に、逆に強い力を生みだしているのが水である。

読者の皆さんも是非、中国古典に親しむことをお勧めします。

第十三章　指導者・会社経営者が必要とする能力

指導者や会社経営者が社会で活躍するために必要とする能力は、判断力、決断力、実行力であると私は思っています。これらの能力は脳の前頭前野で養われることについて、第六章で説明しました。ここでは、企業経営者が会社経営に必要な能力についてどのように考えているかについてお話しします。

一　東芝の西田厚聰会長のご講演に感動しました

平成22年（２０１０）2月15日に、東京電機大学丹羽ホールにて「グローバル化時代の企業経営」と題して、西田厚聰会長に約90分間のご講演をしていただきました。

その講演では、経営者にとって最も大切な能力は、判断力、決断力、実行力であると述べられていました。この3つの他に、勇気も加える必要があるとも述べられていました。

また、判断力を育てる学校教育の方法はあると思いますが、判断力を磨く研究は世界ではほとんどなされておらず、判断力を育てる方法を述べた書物も世界で皆無であると西田厚聰会長は嘆かれていました。

そのころ、私は脳科学の研究に熱中していたので、講演の後、西田会長と少しお話しする時間がありました。そこで、私の専門である脳科学の観点から、「判断力を育てるためには、額のすぐ後ろにある前頭前野と呼ばれている場所の脳細胞を鍛えると良いですよ」とお話ししましたが、西田厚聰会長は「そうですか！」とおっしゃっただけで、私の脳科学の話にはあまり興味を示しませんでした。

二　東芝が債務超過になり、崩壊の危険性があるとの新聞報道

東京電機大学で講演されてから7年後、新聞に「東芝は債務超過になり、崩壊の危険性がある。その第一の責任者は元社長の西田厚聰氏である」と書かれた記事を見つけ、私は大変驚きました。

あの素晴らしいご講演をされた西田厚聰会長に何があったのだろうかと心配になり、私は西田会長の今までの経歴を調べました。すると、以下の事柄がわかりました。東京大学大学院で西洋政治思想史を学んでいた情熱家の西田氏は、当時東京大学にイランの国費留学生として来日していたイランの女性と恋に落ちました。そして、彼女が帰国するとき、西田氏は大学院を退学して、イランに行き、結婚しています。

テヘランで東芝の合弁会社に現地採用された情熱家の西田氏は、欧米でノートパソコンを売り歩き、東芝の復興に力を注いでいました。その後、東芝の社長に就任すると、東芝セラミックス、東芝ＥＭＩなどを売却し、その資金で米原子力事業（ＷＨ）を買収しました。東

京電機大学での講演で、経営者にとって最も大切な能力は、判断力、決断力、実行力であるが、この3つの他に勇気も加える必要があるとも述べられていました。

この勇気ある経営が、突然の東日本大震災の発生によって世界的な原発需要が冷え込み、米原子力事業買収の失敗に繋がったと思われます。東芝は本体からインフラサービス事業とデバイス事業を分離させ、それぞれ独立させることを正式に決定したことを令和3年（2021）11月7日に発表しました。しかし、大株主の反対もあり、3分割案を修正して、インフラサービス事業は東芝本体に残し、デバイス事業のみを分離して独立させる2分割案に変更する方針を令和4年（2022）2月7日に発表しました。その点、西田会長の後半の人生にはツキがなくなったのかも知れません。

三　東京電機大学前理事長の加藤康太郎氏の考え方

学校法人東京電機大学理事長は、昭和46年（1971）4月に本学出身の蓮見孝雄教授が第四代理事長に、同じく廣川利男教授が昭和63年（1988）4月に第五代理事長に就任しました。このように、本学理事長は30年近く本学の卒業生であり、教授経験者が務めていました。その後、平成10年（1998）より、東京電機大学の卒業生で校友会理事長経験者の丸山孝一郎氏が第六代の理事長に就任しています。

その頃、明治40年（1907）に創立された本学の母体である電機学校が創立100周年を迎える時期となり、丸山理事長は創立100周年記念事業として当時の神田キャンパスの再開発に取り組んでいました。

その後、第七代理事長に校友会理事長経験者である加藤康太郎氏が就任しました。加藤新理事長は神田の土地を活用して再整備する方法や新天地に全面移転する方法など、複数案について理事会で再び検討を始めました。

当時、神田キャンパス内の古い建物の建て直しのためには、学生を教育する校舎を借りる必要がありました。候補になったのが、北千住駅から徒歩5分のところにある足立区の廃校になった中学校です。北千住駅は、本学園の最寄り駅「新お茶の水駅」より約15分の距離です。

そこで、候補になった中学校の見学の後、北千住駅まで歩いて帰る途中に駅前に広い空地を見つけました。その土地を見た加藤理事長は、この土地こそ本学園が神田キャンパスから全面移転するのに相応しい土地だと直感し、すぐに動きました。

学園で大きな混乱もなく、法人本部を含め東京電機大学のメインキャンパスが東京千住キャンパスに移転できた現状を考えると、加藤理事長の強いリーダーシップの下で進めてきた方法は間違っていなかったように思います。

加藤理事長は移転問題だけでなく、本学のいろいろな方面の改革を率先して行ってきました。それらの行動から考え、加藤理事長は判断力、決断力、実行力、さらには勇気を重視する経営者だと私は思っています。

加藤理事長は大学では私の3年先輩で、卒業研究の指導教授は第三代学長になられた中野道夫教授であり、私と同じ指導教授でした。加藤理事長は人脈が豊富で、私に外部の方をご紹介くださったこともありました。

例えば、小泉純一郎議員の秘書を務めていた飯島勲氏もその一人です。

飯島勲氏は、長野県の工業高校定時制から上京して働きながら東京電機大学高等学校の定時制に編入し、その後、東京電機大学短期大学に入学されています。卒業後に法律特許事務所で働いた後、昭和47年（1972）に小泉議員の公設秘書になっています。

そして、厚生大臣秘書官、郵政大臣秘書官を経て、小泉内閣が誕生したときには、内閣総理大臣首席秘書官として政務を担当しています。その後、安倍内閣、菅内閣、現在の岸田内閣でも内閣官房参与として活躍されています。

飯島勲氏が大活躍できるのは、苦学している時に前頭前野の脳細胞を十分に鍛えてきたからだと思います。

四　株式会社マクニカ創業者の神山治貴氏の考え方

神山治貴氏は、私が東京電機大学の専任講師になった時の最初の教え子です。神山氏のクラスの学生たちは、昼間は働きながら夜間に大学に通う生活を送っていましたが、彼らは将来に明るい夢を持って勉学に励んでいました。正月休みには5～6名で私の自宅まで来て、私の妻の手料理を食べながら夜遅くまで語り明かしたことを思い出します。

神山氏は企業や財団を立ち上げ、「指導者・企業経営者に必要な能力」について深い見識を持っておられるので、ご意見をお聞きしました。

（1）株式会社マクニカの創業

神山氏は自分の経験を基に社員から歓迎される理想的な会社を作りたいと思い、株式会社マクニカを昭和47年（１９７２）の26歳の時に創業しています。その後、良い時もあれば苦しい時もあったそうですが、お客様や取引先のご指導ご鞭撻を頂き、社員の頑張りと貢献により、順調な成長を遂げ、平成13年（２００１）に東京証券取引所第1部に上場されました。神山氏は、「半導体業界というハイテクの世界における自分の職業人としての人生を振り返ると、半分はシリコンバレーの人たちから大いに刺激を受けて育てられたと感じている」と述べています。

（2）神山財団の設立

神山氏が社長を終えて会長に就任してから、平成25年（２０１３）に社会への恩返しと言う形で神山財団を設立しました。主な事業内容は、グローバル人材育成のための奨学金支援事業です。この事業は、世の中に新しい価値を生み出し、将来、社会のいろいろな分野でリーダーとなって大いに活躍して、貢献していける人材に対して奨学金を与え育成することを目的としています。欧米の各種の大学院で学ぶ留学生が対象になっています。

社会において、あらゆる組織はトップ次第で決まってしまうところがあります。企業ばかりでなく、学校、各種団体、ＮＰＯ法人などでも同じことが言えます。大きい規模で見ると、国家もその国のリーダーが大きな役割を担います。神山氏は財団活動を通して、この趣旨に沿って社会に貢献していきたいと述べています。

（3）神山氏のご意見

私は、企業や財団の創業を行ってきた神山氏に「指導者や会社経営者が社会で活躍するために必要とする能力は、判断力、決断力、実行力である」という私の主張についてご意見をお聞きしました。神山氏は私の意見を肯定したうえで、次のように述べています。

◎決断力について

社長とは〝決定する人〟だと言われています。社長の最も重要な仕事の一つは、「決定すること」だと思います。情報が完璧でない中で決定しなければなりません。どんなビジネスも原理は競争です。一人相撲ではなく、競合企業との競争です。

勝者は事業を拡大し繁栄していきますが、敗者はいつか強者に合併などで吸収されるか、最悪の場合は倒産という形で市場から退場していきます。最終的には自分が判断して決定するだけに、経営者は孤独な判断を迫られる場面も多々あります。決定は通常、早いに越したことはありません。なぜなら、悪い結果だとしても、競争企業よりも早く失敗に気が付いて次の手を打てるからです。

◎判断力について

経営者は自分が現場にいて日々活動している訳ではないので、現場レベルの判断は担当者を含め、部下の社員たちが行います。部下の意見を聞かずに自分の勘だけで判断する独断は、上手くいくときは結果良好で済みますが、裏目に出ると大きな損失を招いたりします。〝独裁すれど独断せず〟が大事と言われる所以です。最終的には自分が裁断を下すわけですが、鋭い勘を持っている経営者はこの場面で自分の強みを発揮できます。

判断する上で、経営者にとって最も重要な力は、将来に対する先見力です。担当者は日々の現場の仕事に追われ、将来のことを時々意識はしますが深くは考えません。自分の報酬にも影響はしません。しかしながら、経営者は今日の現状把握も大事ですが、10年先、20年先の市場の将来とビジネスの将来を洞察して打つ手を考えなければなりません。そうしないと、会社の将来が危うくなりかねません。そして、10年程度の期間はあっと言う間に過ぎます。何よりも、時の流れに乗り遅れないことが肝要です。乗り遅れてしまえば勝ち組に入ることは難しくなります。

◎実行力について

決定に基づいて行動に移す訳ですが、迅速な行動が必要です。組織は大きくなればなるほど実行に移るまでに時間を要しますが、そこをいかに早く実行するか、そのための組織の仕組みと全員のスピード感覚が重要になります。スピードの遅い会社は競争優位には立てないと思います。

第十四章　海外に留学する夢を持ちましょう

昭和60年（１９８５）ごろの日本人の海外留学者は１４、０００名程度でしたが、それを境に増えはじめ、平成16年（２００４）にはピークの約８３、０００名に達しています。その後、海外留学者数は急激に減少し、6年後の平成22年（２０１０）には６０、０００名まで落ち込みました。現在では５５、０００名程度で推移しています。

私は、昭和50年（１９７５）に米国マサチューセッツ工科大学（ＭＩＴ）に留学しました。当時私は38歳だったので、私を推薦して下さった東京電機大学の阪本捷房学長から、出発前に「小谷君はもう歳ですので、研究よりもＭＩＴの大学運営法について学んできてください」と言われました。しかし、ＭＩＴでは生体磁気学について一生懸命に学び、研究に専念しました。その結果、帰国後はこの分野の世界のトップクラスの研究者の方々とお付き合いすることができ、自分が想像していた以上の活躍ができました。

渡邉財団では、ノーベル賞受賞者で北里大学特別栄誉教授である大村智先生に特別講演をしていただきました。大村智先生は、米国の大学に36歳で留学されました。留学先の大学では客員研究教授として、留学中は微生物の生産する天然有機化合物に関する研究を学生や他の研究者達と共に真剣に行いました。そして、その経験を生かして、日本へ帰国後に取り組んだ研究でノーベル賞受賞に至る研究成果をあげたのでした。

大村智先生や私のように、年齢に関わらず、チャンスがあれば是非とも海外留学していただきたいと私は願っています。

一　渡邉財団でのノーベル賞受賞者大村智先生の特別講演

令和2年（2020）8月に私が理事長を務めている公益財団法人渡邉財団の「2020年の第1回バーチャル授与式」で、ノーベル賞受賞者の大村智先生に「古くて新しいエバーメクチン物語」と題してご講演をしていただきました。当日、私はすぐ近くで大村智先生のご講演を拝聴し、その内容に深く感動しました。

(1) 海外留学での研究成果

ここで、大村先生のなされた研究についてお話しします。大村先生が微生物代謝産物の研究を始められたのは、大学を卒業して8年後だったので、研究の取り組みが同僚の研究者よりかなり遅れていました。そして、米国コネチカット州にあるウェズリアン大学に留学できたのは、36歳の時でした。

ウェズリアン大学での指導教授は大変有名な研究者で、そのため、多くの著名な研究者が指導教授を訪ねてこられました。その時、指導教授はいつも大村先生を紹介してくださったと感謝されていました。留学中は、微生物の生産する有機化合物の構造決定や作用機序および生合成の研究に没頭されたとのことでした。

(2) ノーベル賞受賞

大村智先生は長年の研究の結果、エバーメクチンを発見し、そのジヒドロ誘導体イベルメクチンを開発することができ、寄生虫による難病で苦しむ数億人の人々を救った功績により、平成27年（2015）にノーベル生理学・医学賞を受賞されました。ノーベル賞授賞式でご講演された最後に、日本文化の紹介として「茶の湯」のお話をされたそうです。そして、大村先生はご講演の最後に「Ichi-go Ichi-e」（一期一会）と書かれたスライドを提示して終了しており、私はそのご講演にとても大きな感銘を受けました。

二　公益財団法人渡邉財団　渡邉利三名誉会長の海外留学のすすめ

ここからは、海外留学を熱心に勧められている公益財団法人渡邉財団の渡邉利三名誉会長に「海外留学」についてお話ししていただきます。

(1) 海外留学体験と奨学金

私、渡邉利三の生まれ育った場所が米軍基地のある横浜、横須賀周辺の街でしたから、子供の頃からアメリカの軍人を見たり接したりという環境の中で豊かなアメリカ社会を垣間見ました。その頃からアメリカに対する強い憧れがありましたが、昭和35年（1960）代の日本は非常に貧しい国だったので、普通の人が海外留学することは考えられない時代でした。

私は幼い頃に父親を亡くし、母親は大変苦労したので、とても子供を留学させることなどができるような環境ではありませんでした。それでも海外留学の夢は捨てきれず、いくつかの公費留学試験を受けて、失敗も何度かありましたが、慶応義塾大学3年生のとき念願のアメリカ留学を実現させることができました。

当時、渋沢栄一氏のひ孫、渋沢雅英氏が開校した「MRAアジアセンターLIOJ」での4ヵ間の合宿英語集中訓練では、企業から派遣された学友の紹介で受けた面接の結果、松下幸之助氏より渡航費、生活費の援助をいただけるという幸運にも恵まれました。

渡米して、ボストン地区で学ぶ公費留学生のための1ヵ月間の特別英語プログラムがMITで開催されました。MITの寮に滞在し、そこで世界中から集まった留学生たちとの交流ができ、大変有意義な時を過ごしました。

ブランダイス大学における2年間の大学生活で日本からの留学生は私一人でしたが、アジア人会、空手部、水泳部にも所属して、交換留学生として学び、政治学の学位を取得して卒業しました。在学中は学費、寮費、食費、書籍代まで全額奨学金でカバーしてくださる素晴らしい奨学金制度（ウィーン国際奨学金）で、本当に感謝しています。

（2）奨学金制度の創設

日本に帰国してから外資系企業で2年間働き、26歳で起業して成功、失敗、挫折など様々な経験をしましたが、留学してから15年後の39歳の時、ウィーン国際奨学金創立30周年記念イベントの招待状が送られてきました。航空運賃、ホテル代も後日支払うという大変寛大な招待状でありました。猛烈企業戦士として働いていた私にとって時間は惜しかったのですが、旧友たちにも会いたくて参加しました。

そのイベントでの奨学基金創設者ローレンス・ウィーン氏のスピーチに私は大きな衝撃を受けました。彼は、エンパイアステートビルや多くの著名高層ビルを所有する不動産投資弁護士事務所を経営して大成功を収めました。83歳で病魔のため、あと数ヵ月の命であることを知りつつ、自分の人生を振り返るスピーチの中で「私にとってビジネスで成功したことよりもウィーン国際奨学金プログラムなどで多くの若者たちを支援して感謝されたことが人生における最大の幸せでした」と涙を流しながら語りました。私はその講演を聞き、いつかは自分もこのような奨学金制度を創って、若者たちを援助できたらという強い想いが湧き上がってきました。

その後も奨学金創立記念イベントに参加しましたが、50周年記念イベントでは私のルームメイトがウィーン国際奨学生として、最初に一国の首相になった卒業生として、基調講演をしました。それは、アイスランド首相になったゲイル・ホルデです。彼に日本とアイスランドの交換留学生プログラムを創らないかと提案したところ、彼が私の提案をアイスランド国立大学に働きかけ、平成20年（２００８）9月に渡邉信託奨学基金を設立することができました。この奨学金事業を10年間継続し、その間、双方の国で１００名以上の学生、院生、研究生が交換留学生として学ぶことができたことに対して、私は、平成31年（２０１９）にアイスランド大統領から「ファルコン勲章」を賜り、大変驚きましたが、とても光栄なことでした。

（3）海外留学の勧め

平成の時代、日本から多くのノーベル賞受賞者を輩出しましたが、彼らのほとんどが若い時に欧米に留学した経験があります。彼らは若い時の研究成果が平成の時代に評価され、ノーベル賞を受賞したと言われています。平成2年（１９９０）代に日本のバブル経済が崩壊してから、平成16年（２００４）を境に海外で学び、研究する日本人学生の数は激減しております。それ故に、今後は、日本のノーベル賞受賞者も激減するのではないかと危惧されています。私はこのような状況の中で、日本の将来を担う若者たちが海外留学を経験し様々な分野で活躍することを願い、いくつかの奨学基金を創設しました。平成27年（２０１５）には米日カウンシル（US JAPAN COUNCIL）内に日本人とアメリカ人の為の奨学基金、平成30年（２０１８）には母校ブランダイス大学に日本人の為の奨学基金を創りました。平成31年（２０１９）には、渡邉財団内に日本人研究生の為の留学奨学基金をスタートさせました。私の夢は、より多くの若者たちがこれらの奨学金制度を利用して海外に羽ばたき、留学したそれぞれの国で学び、様々な分野で活躍する人達と共に学識や見識を深めてゆくことです。

在日米国大使館のウェブサイトに「A Broader View 人生を変えるアメリカ留学―」と

いう動画集があります。そこには「殻を破って自分の世界を大きく広げて」と題して安倍晋三元首相が語り、ほかにも楽天の三木谷浩史社長、元プロ野球選手（メジャーリーガー）の上原浩治投手など、各界で活躍されている著名人60名が海外留学のメリットについて語っています。海外留学中に得た「経験」「知識」「友人」が、その後の人生で、とても大きな財産になったことを語り、海外留学を強く勧めています。皆さんもぜひ、挑戦して海外で学んでいただきたいと思います。日本には、「渡邉財団」以外にも多くの海外留学奨学金制度が存在します。これらを大いに利用して、皆さんの夢の実現を果たしてほしいと切に願っております。

本文で登場した支援機関

①一般財団法人ＭＲＡハウス　アジアセンターＬＩＯＪ
②公益財団法人松下幸之助記念志財団
③Brandeis University Wien International Scholarship Program
④University of Iceland Watanabe Trust Fund 渡邉信託基金
⑤US Japan Council 米日カウンシル
⑥Brandeis University Toshizo Watanabe International Scholarship Program
⑦公益財団法人渡邉財団
⑧在日アメリカ大使館　A Broader View

三　神山財団の神山治貴理事長の留学のすすめ

神山治貴理事長については、第十三章の「指導者・会社経営者が必要とする能力」の項目でご紹介したように、若い頃には経済的に恵まれず、昼間は働きながら夜間に勉強されていました。

今回、若い人たちに海外留学を勧めるにあたり、神山氏の思いをお聞きしましたので、ご紹介します。

(1) 東京電機大学に海外留学制度を設置

私が東京電機大学の学長に就任した平成10年（１９９８）に、新横浜駅近くに移転したばかりの株式会社マクニカの本社を見学に行きました。その席で神山社長から「私は学生時代、金銭的に大変苦労しました。当時の私のように苦労している学生にお金を使って欲しい」と寄付金の申し出がありました。それを受けて大学に帰り、学生部長と相談すると、学生部長からは、「本学には優秀な学生を報奨する制度がないので、成績優秀であり他の学生の模範となる学生に、学長賞としてその寄付金を使わせて欲しい」という提案がありました。この学長賞の寄付金は現在にわたり25年間続いています。

さらに、平成28年（２０１６）には神山氏からの多額の寄付金があり、それを受けて東京電機大学に神山治貴海外留学派遣奨学金のプログラムを設置しました。このプログラムは毎年、学長賞を受賞した学生の中から、海外の大学で技術を学びたい学生に留学の機会を与えるものです。

グローバル化の時代と言われて久しいですが、現在、大企業はもとより、どんな企業でも直接的に、あるいは間接的に海外と様々なビジネスを行っています。個人の立場で従事する職種は多岐にわたるものの、圧倒的な大多数の人は、就労者として官公庁に勤務する形を取っています。それゆえ、外国の人たちと直接、仕事をする機会は珍しいことではなくなりました。

(2) 英語によるコミュニケーション能力の必要性

神山氏は学生のときから英会話クラブに入り、一生懸命に英会話を学んでいました。そのことについて神山氏は次のように述べています。

外国の人たちと仕事をして行く上で最も大事なことは、コミュニケーション能力です。彼らの言っていることがすぐに理解できて、こちらの思っていることが彼らにきちんと伝わる必要があります。そのためには、当然のことながら英語力が必須になります。なぜなら、仕事をして行く上で英語が世界の標準語になっているからです。

コミュニケーションにおいて、基本的に外国人は日本人に比べて率直に意見を述べます。コミュニケーションにおける対応の違いは、自分が育った国の環境、風土、文化の違いに起因するものだと思われます。従って、大事なことは、ものの見方や考え方の違いを認めた上で、外国人と対応していくことです。

経済的な利害関係のない学生の立場で、若い時期に留学して共に学び共に生活することにより、外国人のものの見方や考え方を頭で理解すると同時に肌で感じることができるようになります。このようなことから外国人と無理なくコミュニケーションが取れるようになり、それが留学を経験した人にとって貴重な財産になります。そして、やがて彼らが社会人になった後、外国人と仕事をする機会にも恵まれ、活躍できるスケールが大きく違ってくると思います。そのような人材が増えることにより、会社にとっても社会にとっても大きな活力の源泉になっていくものと考えます。

（3）若者への海外留学のすすめ

神山氏の青春時代を振り返ってみれば、神山氏は高校生の時に海外留学を夢見て英語を一生懸命勉強しましたが、個人で留学できる環境ではなく、その実現は叶いませんでした。それだけに、現在の若者たちには是非、海外留学に挑戦し、早い機会にグローバルな感覚を身に付けて欲しいと神山氏は願っています。

第十五章　人との出会いを大切にしましょう

今回の渡邉財団の特別講演にてノーベル賞受賞者の大村智先生は、海外留学奨学生に対して何回も「人との出会いを大切にしなさい」とおっしゃっていました。そして、講演の最後に「これからは、みなさんはいろいろな方との出会いがあると思います。出会った方とのその後のお付き合いが大切です」と述べていました。

実は、私のような田舎出身の劣等生が、今まで述べてきたような仕事ができたのは、**「私が人との出会いを大切にしてきた」**からだと思います。

今までお付き合いしていただいた方は多数いますが、ここでは、前の章でご紹介した方を除き、長い間お付き合いさせていただいた方を数名ご紹介させていただきます。

一　内藤善之東京工業大学元学長との出会い

私の人生で長い期間にわたりお世話になった先生の一人に内藤善之先生がいます。私が東京電機大学の専任講師の時、電気学会の学生会員を増やすために東京大学、東京工業大学、東京電機大学など5大学から若い教員が選ばれて、電気学会に学生委員会が作られました。

内藤先生は私より1歳上でしたが、お互いにまだ若く20歳後半でした。

内藤先生と私の自宅は近くでしたので、会議の後は都心から同じ電車で帰りました。内藤先生はテニスが大好きで、よくテニスの話をされ、一度ご一緒にプレイしたことがありましたが、まったく勝負になりませんでした。私たちの学生委員会の任期も数年間で終り、しばらく疎遠になりました。

（1）URO電子工業株式会社の経営倶楽部で内藤先生と再会

私が高知県の白田川中学校に在席している時、1年後輩に宇呂泰昌君がいました。同じ野球部員でしたが、お互いに勉強が嫌いながき大将でした。宇呂君も私と同じように、当時、入学試験がなかった高知県立中村高校に入学し卒業されています。

ある日、突然、宇呂君が東京電機大学の私の研究室に入って来て、「先輩、宇呂です」というので驚きました。10年以上も会っていませんでしたので、大変懐かしく思い、私の研究室で長い時間話しました。

宇呂さんはテレビの分配器などを造るURO電子工業株式会社を大田区で立ち上げています。製品の売れ行きも良く、宇呂社長は更に会社を発展させるためにURO経営倶楽部を作り、数カ月に一度、品川プリンスホテルの立派な部屋を借り切り、社外の有識者をお呼びして、懇談会を開催していました。その席で電磁波工学が専門の内藤先生にお会いして、私は驚きました。他には、日立金属株式会社の社長など著明な方が多く出席されており、私は宇呂社長の会社経営方針を学ぶことができました。

（2）ヒロセ財団の選考委員会で内藤先生と再会

公益財団法人ヒロセ財団はアジア地区から日本の大学に留学した学生に毎月20万円ほどを奨学金として支給しています。その選考委員に東京工業大学工学部長だった内藤先生が就任され、選考委員を私と一緒に務めることができました。

内藤先生は平成9年（1997）3月に定年を迎え、東京工業高等専門学校の校長になられました。ところが、半年後に東京工業大学の学長に選挙で選ばれました。そして、ヒロセ財団の選考委員は後任の工学部長に譲りました。

（3）東京工業大学理工学振興会で再びご一緒に仕事ができました。

内藤先生が学長に就任して半年後の平成10年（1998）4月に私が東京電機大学の学長に選ばれました。そうしたら、内藤学長から私に電話があり、東京工業大学では産学連携を強く推し進めるために、東京工業大学に理工学振興会という組織を立ち上げることになりました。ところが、役員が東京工業大学出身者ばかりになり、好ましくないので、私に役員になってほしいと依頼されました。

東京工業大学の100周年記念館で開催された第1回目の理工学振興会の役員会に出席して驚きました。私は理事になっていましたが、内藤学長は評議員でした。後でわかったのですが、学長経験者は一人だけ理事になり、現学長や他の学長経験者は評議員になるような申し合わせがあるようでした。そして、学長経験者の理事が理事長になるようになっていました。

私は、内藤喜之学長、相澤益男学長、伊賀健一学長時代を通じて理工学振興会の理事を務めさせていただきました。

内藤学長は東京工業大学の学長の4年間の任期を終え、出身地の大分大学の学長に就任されました。そして、大分大学の学長の4年間の任期を終えた後、平成16年（2004）に新しくできた独立行政法人国立高等専門学校機構の理事長に就任し、本部のある千葉県に住んでいました。

大分大学の学長時代にも理工学振興会の会議には出席されており、会議の後、別室で開催された立食パーティでは、私は内藤先生と楽しくお話しできました。

内藤先生が千葉県に住まれてから二度ほど新宿で食事をしましたが、その後、理工学振興会への出席もなくなりました。

私がメールを送っても返事が来ないので、理工学振興会の事務局に問い合わせた結果、内藤先生は体調を壊されて、ご家族からの申し出があり、理工学振興会の評議員も退任されたということでした。

それから内藤先生とお会いする機会はありませんでしたが、後日インターネットで平成23

年（２０１１）に75歳で逝去されたことを知りました。長い間、大変お世話になりました。
心からご冥福をお祈りします。

二　上野照剛東京大学名誉教授との出会い

私がＭＩＴの磁気研究所で生体磁気計測の研究をしていた昭和51年（１９７６）に、私の指導教授のコーエン博士宛に九州大学工学部の上野照剛助教授から手紙が届きました。手紙には、上野助教授がカナダで開催される国際ＭＥ学会に出席するので、学会の後、ＭＩＴの生体磁気計測装置を見学させて欲しいと書かれていました。

そこで、私はコーエン博士に呼ばれ、上野助教授と私の関係を聞かれました。私は「今までお会いしたこともない方です」と話すと、「お断りするのも失礼になるので、君の研究時間を2時間だけ割いて案内してあげなさい」と言われました。その時、米国人は合理的だなーと思いながら、私はコーエン博士に言われた通りの手紙を日本語で書いてお送りしました。

上野助教授は私からの日本語の手紙が来て驚いたようでしたが、ＭＩＴの2時間の見学では意味がないと考え、その時にはＭＩＴには来られず、米国のデンバー経由で帰国されています。

私がＭＩＴから帰国した後、阪本学長がコーエン博士への感謝の意味を含めて、東京電機大学にご招待して、学生にご講演をする機会を作ってくださいました。その話を上野先生にお伝えすると、上野助教授から「コーエン博士が来日されるのであれば、東京から九州に来る費用は九州大学で負担するので、コーエン博士に九州大学でも講演して欲しい」と言われました。学長側近の教授からは「米国から東京までの渡航費の一部も九州大学が負担すべきだ」という意見もありましたが、私が阪本学長にお願いして、コーエン博士と私の費用を九州大学に出していただき、九州大学でのコーエン博士の講演が実現しました。

それ以来、上野助教授はご自分の専門の生体磁気刺激の研究だけでなく、生体磁気計測の研究にも興味を抱き、生体磁気国際会議などで大活躍をされています。その後、上野先生の研究が高く評価され、九州大学教授から東京大学医学部教授に招聘され、日本生体磁気学会会長、日本医用工学会会長など国内はもとより、海外の学会の会長も務めています。

上野教授は東京大学を定年退職され、東京大学名誉教授になられましたが、再び九州大学特任教授として福岡に帰られました。

私は上野先生が上京された時、また、私が九州に行った時に上野先生と二人で食事しながら談笑するのが大きな楽しみです。

三　西川徹矢元新潟県警本部長、元防衛省大臣官房長との出会い

昭和52年（1977）に、東京電機大学と隣接する神田警察署の署長に20代の若い署長が赴任してきました。

新署長は、副署長に「神田警察署は東京電機大学に囲まれているが、大学とのパイプは誰が務めているか」と質問されたようです。

神田警察署の副署長は、私が卒業した高知県立中村高校の先輩でした。副署長は大学とパイプがないことを知り、急遽、後輩の私の名前を挙げたようです。

後日、副署長から私に電話があり、「新署長が小谷さんと是非お会いしたいと言っていますが、時間を取ってくれないか」と言われました。そして、神田の古いレストランの一室を貸し切って、新署長と副署長、私の3名で会食しました。新署長の西川徹矢氏は立派な体格ですが、心が大変優しい人であることを私は実感しました。

それ以降、毎年2回ほど、西川徹矢新署長との会食を40年以上続けています。

現在では、この会合の名前を「酒楽会」として、会員数は13名になっています。西川様と私以外の会員は左記の通りです。元職のみ掲載します。

①元NTTデータ常務取締役
②元警視庁副総監、大阪府警本部長、内閣情報官
③元防衛省　海上幕僚長
④元航空自衛隊航空教育集団司令官　空将
⑤元NTTデータ代表取締役社長
⑥元神奈川工科大学学長

⑦元ＮＨＫ放送技術研究所所長
⑧元東京高裁裁判長
⑨元ＣＳ日テレ社長、白鷗大学教授
⑩元野村総合研究所理事長
⑪元カシオ計算機㈱常務取締役

これらの立派な方々と懇意になり、何でもご相談できるのは、私にとっては大変ありがたく、感謝しています。

四　公益財団法人の仕事を通じて最近出会った方

平成22年（２０１０）ごろに規則が変わり、財団を統括している国の総務省は財団法人を公益財団法人か一般財団法人かに振り分けることになりました。そこで、公益財団法人への移行を希望する財団の役員が適正であるかを調査する委員会が発足しました。どういう経緯か分かりませんが、私は5名の調査委員会の委員長に選ばれました。

最初に調査した財団は、昭和54年（１９７９）12月に設立された財団法人ポーラ伝統文化振興財団でした。調査委員会に参加される委員の簡単な名簿は事前にいただいていましたが、初めてお会いする方ばかりでした。そこで、委員長の私は調査委員会が始まる30分前には会場に着いていました。そして、後から来られる委員をお迎えし、ご挨拶しました。最後に来られた方は大変立派な方だと思い、名簿を見ると、その方はポーラ伝統文化振興財団評議員の若井恒雄様でした。調査委員会には当該財団法人から1名入ることができるようになっていたので、この財団を代表して調査委員になられた方でした。

いよいよ、ポーラ伝統文化振興財団の評議員一人ひとりの詳細な名簿を見ながら審査しました。50音順であったため、若井恒雄様の審査は最後になりました。そこに記載されている若井恒雄様の経歴を見て、私は驚きました。若井様は東京大学法学部を卒業され、三菱銀行に入社され、頭取をされた後、新しくできた三菱東京UFJ銀行の初代会長もされた大変立派な経歴の方でした。

調査委員会が終わった後、財団の役員やポーラ本社の役員など10数名で食事をしながら行う懇談会が用意されていました。私は普段はお話しできないと思われる若井様とゆっくりお話ししたいと思い、委員長の特権で、若井様には私の前の席に座っていただきました。幸いだったことに、若井様がお酒を好まれることを財団の役員は知っており、若井様の席に美味しい日本酒が運ばれてきました。私は若井様に勧められてそのお酒を飲みますと、それは大変美味しいお酒でした。通常、私はビールかウイスキーの水割りを飲むことにしていますが、この日は大変美味しい日本酒を味わうことができました。懇談会の予定は2時間でしたが、若井様と私の楽しい会話が止まらず、懇談会は予定より1時間も延びてしまいました。楽しく、また有意義な懇談会でした。

これを機会に、私は若井様と親しくお話しできる関係になりました。その後、ポーラ伝統文化振興財団の行事などがある際には、私も招待され、若井様とお会いしてお話しする機会に恵まれました。そして、数年後には私自身もこの財団の評議員に就任しました。その後も評議員会で若井様とお会いすることを私は楽しみにしていましたが、その後、若井様は高齢を理由に評議員を退任されました。誠に残念です。

その後任に、三菱ＵＦＪ銀行出身の畔柳信雄様が評議員になられました。畔柳信雄様は若井様より15歳ほど若く、スポーツマンという感じでした。若いときにはサッカー部で活躍されましたが、現在はテニスを楽しんでいるとのことでした。

畔柳信雄様の経歴を調べると、東京大学経済学部を卒業され、三菱銀行に入り、三菱ＵＦＪ銀行初代頭取をされ、その後、会長、相談役を勤めています。畔柳信雄様は、若井様と私の関係を知っておられ、評議員会ではいつも隣の席だったので、私に優しく対応して下さっていました。

私は、評議委員会で畔柳信雄様とお会いするのを楽しみにしていましたが、コロナ禍で評議委員会が対面で開催されず、寂しく感じていました。ところが、令和3年（２０２１）11月3日の新聞で畔柳信雄様が旭日大綬章を受賞されたとの記事を見て、感激を受けると同時に驚きました。

その理由は、以下にあります。私が三井住友銀行代表取締役副頭取を務めた方と2人でカシオ計算機の社外取締役を務めている時、私は瑞宝中綬章を受賞しました。銀行出身の社外取締役は「大学の先生は叙勲の対象になって良いですねー。銀行員はリーマンショックで国に損害を与えたので、当分、叙勲の対象者になれません」と嘆いていらっしゃいましたからです。

畔柳信雄様がいただいた旭日大綬章は、大学関係者ですと旧帝国大学総長経験者など一部の方しかいただけません。私は、次回のポーラ伝統文化振興財団の評議員会で畔柳信雄様とお会いできるのが楽しみです。

若井恒雄様と畔柳信雄様はお会いしてから数年しか経っていませんが、私が普段お話しすることのできない立派な方ですので、ご紹介させていただきました。

おわりに

「はじめに」にも書いていますが、公益財団法人渡邉財団の渡邉利三名誉会長は、私の歩んできた道を知り、私の生き方は悩みをもって生きている若い人のお役に立つこともあるでしょう。是非、本を書いてくださいと執筆を勧めてくださいました。

そこで、私も執筆を考えましたが、一番気になったのは、東京電機大学の関係者が私の本を読んでどのように思うかということです。

東京電機大学の学長は東京大学出身者7名、東京工業大学出身者2名と私の10名です。初めての東京電機大学出身の学長がこのような劣等生だったことを知って、不快に感じる関係者も多いのではないかと思うのです。

ただ、今までの私の人生を振り返り、東京電機大学で学んだ4年間は、苦悩に満ちた時期だったけれど、人間的に最も進歩があった4年間だったと思うのです。そして、大学卒業後は大学に残させていただき学務や研究に頑張ってきました。

38歳の時、米国のマサチューセッツ工科大学（ＭＩＴ）に留学でき、世界でＭＩＴでしか計測できなかった脳から発生する微弱な磁界計測の研究に参画することができました。更に幸運だったことは、令和元年（２０１９）のころ世界は超伝導科学に沸き立っていました。

私たちが脳磁界計測に使っていた超高感度のSQUID磁束計には超伝導状態でのみ動作する素子が使われております。そのため、計測中は磁束計の内部をマイナス270度近くに冷却しなくてはなりません。そのようなことなどの関係から私たちの研究は医用工学、低温科学、電気工学や応用物理など多くの研究分野から推薦をいただいて、私が提案した「高度脳磁場計測装置の開発」の研究が日本の国家プロジェクト研究に選ばれて、5年間で総額約60億円の予算で東京電機大学千葉ニュータウンキャンパスで行われることになりました。

このように劣等生の私を育ててくれました母校の発展のために、私は一生懸命に努力して参りましたことを東京電機大学の関係者の皆様にはご理解していただければとの想いで、この小文をまとめた次第であります。私のささやかな人生をまとめたこの拙文をご一読いただき心から感謝しております。

最後に、本書の執筆の動機を創っていただきました渡邉利三名誉会長と執筆について適切なアドバイスをいただきました株式会社マクニカの創業者である神山財団の神山治貴理事長に深く感謝申し上げます。

さらに本書を出版するにあたり、本書の構成等について適切なアドバイスをいただきました栄光出版社の石澤三郎社長に深く感謝申し上げます。

また、高齢者の私が書く文章は若い人たちにとって理解しにくいところもあるかと思い、私の孫娘で大学院生の中川麻耶に文章の修正をお願いしました。

さらに、本書の執筆に関わってくださった小谷鉄夫兄はじめご協力いただきました全ての方々にこの場をお借りして感謝申し上げます。

参考文献

1. 塚田裕三編「図説脳」日経サイエンス
2. 岩田誠監修「脳のすべてがわかる本」ナツメ社
3. 寺沢宏次監修「脳のしくみがわかる本」成美堂出版
4. 中村克樹監修「脳のしくみ」神星出版社
5. 森昭雄著「ゲーム脳の恐怖」NHK出版
6. 森昭雄著「元気な脳のつくりかた」少年写真新聞社
7. 川島隆太著「5分間　活脳法」大和書房
8. 川島隆太著「脳を鍛える大人の計算ドリル」くもん出版
9. 川島隆太著「さらば脳ブーム」新潮社
10. 有田秀穂著「セロトニン欠乏脳」NHK出版
11. 伊藤肇著「現代の帝王学」プレジデント社
12. 守屋洋著「中国古典の人間学」プレジデント社
13. 前田垣著「生物は磁気を感じるか」講談社
14. 保坂英弘著「磁石と生き物」コロナ社
15. 川口祐著「薬を用いない磁気によるうつ病治療」

渡邉財団機関紙「健康と科学」No.28

16. 小谷誠著「東京電機大学卒業生の皆様
将来に大きな夢と希望を持って頑張りましょう」
東京電機大学校友会「工学情報」2019年秋号

17. 小谷誠著「感電のメカニズムについて」
公益社団法人日本電気技術者協会機関誌「電気技術者」2021年8月号

＜著者略歴＞

氏　名　小谷　誠（こたに　まこと）

1937年（昭和12年）　高知県幡多郡に生まれる

1956年（昭和31年）　高知県立中村高等学校卒業

1961年（昭和36年）　東京電機大学工学部卒業

1975年（昭和50年）　マサチューセッツ工科大学客員研究員

1977年（昭和52年）　東京電機大学工学部電子工学科教授

1998年（平成10年）　東京電機大学学長

1998年（平成10年）　生体磁気国際会議会長

2008年（平成20年）　東京電機大学名誉教授

2008年（平成20年）　北里大学医学部客員教授

2015年（平成27年）　瑞宝中綬章を受賞

劣等生でも社会で活躍できる生き方

令和六年二月二十日　第一刷発行

著　者　小《こ》谷《たに》　誠《まこと》

発行者　石澤　三郎

発行所　株式会社　栄光出版社

〒140 0002 東京都品川区東品川1の37の5

電　話　03（3471）1235

FAX　03（3471）1237

検印省略

印刷・製本　モリモト印刷㈱

ISBN 978-4-7541-0186-2

いつの時代も、手本は二宮金次郎。

世代を超えて伝えたい、勤勉で誠実な生き方。

二宮金次郎の一生

10万部突破

定価2090円（税込）
4-7541-0045-2

三戸岡道夫 著

中曽根康弘氏（元首相）
よくぞ精細に、実証的にまとめられ感銘しました。子供の時の教えが蘇ってきました。この正確な伝記が、広く青少年に読まれることを願っております。

★一家に一冊、わが家の宝物です。孫に読み聞かせています。（67歳 女性）

☆二、三十年前に出版されていたら、良い日本になったと思います。（70歳 男性）

映画完成
令和元年夏より公開

原作 三戸岡道夫
脚本 柏田 道夫
主演 合田 雅吏
監督 五十嵐 匠

★巻末の広告によるご注文は送料無料です。
（電話、FAX、郵便でお申込み下さい・代金後払い）